HEART
心|視野

HEART

心|視野

HEART
心|視野

HEART
心|視野

憂鬱擱淺的我，也想好好工作

どんなに弱くても人は自由に働ける

一個憂鬱症患者從繭居在家到走向世界的重生之旅

阪口裕樹 著
Yuki Sakaguchi

葉廷昭 譯

本書改編自朝日新聞社二〇一四年四月發行的刊物〈我如何擺脫憂鬱症遨遊世界〉。
書中內容皆為真實故事，因尊重當事人隱私，作者以外的人名均以化名表示。

三年半前我罹患憂鬱症，整天躺在家裡無所事事。
那時候，我認為自己不可能再次融入社會。
我心想，自己肯定會孤獨終老。
不僅無力為社會做出貢獻，也沒有任何價值。
我沒有賺錢的本事或技術，也沒有工作上的人脈，
與人接觸的工作我更是不敢做。
可是，現在回過頭來看，罹患憂鬱症是改變我生活方式的一大契機。

罹患憂鬱症以後，我逃離了社會和親朋好友，成為孤單的一個人。
我承認自己的軟弱，摸索不用故作堅強也能活下去的方法，
如今我終於能在異國的城市中安身立命。
我自由自在地工作，不依賴企業或組織，也不受時間和場所限制。
我想解放更多的人，哪怕只有一點點也好。

我想持續摸索適合自己的工作方式，以及貢獻社會的方法。
今後我同樣會遨遊世界各地，把我的所見所聞告訴大家。
我會告訴各位，我是如何掌握「遨遊世界的能力」。
希望我努力的軌跡，也能帶給你們勇氣。

CONTENTS

PART I
逃離職場，我的人生停滯不前

PART II

強迫自己，重新適應工作的生活

PART III

金盆洗手的江湖兄弟教我工作意義

PART I

逃離職場，
我的人生停滯不前

視線所及，桌上擺滿了我一個月來收集的各種精神藥物和安眠藥。我俯視著成堆的藥物，在部落格打上「遺書」二字——我再也無法忍受光說不練、一事無成的自己。

當初我放棄求職，只想追求屬於自己的生活方式。不過，我越努力追求，反而越瞭解自己的凡庸和無力。

最後我在「遺書」下方，打好要給每一位親朋好友的訊息。打完後也沒什麼事好做了，我的身體不斷發抖。

成堆的藥物後面，還擺了瓶日本酒。

我用指尖撫摸那些藥物，一把抓起來塞進嘴裡。趁著還沒有噁心的感覺，我喝下日本酒把所有藥物灌進肚子裡。啊啊，事情已經到了無可挽回的地步，我絕望地哭了。

我想起了家人，想起了朋友，想起了已經分手的女友。我痛哭失聲，繼續抓起成堆的藥物猛嚼。喉嚨塞滿異物的不快感受，還有身體抗拒藥物所產生的嘔吐感，統統都被我用日本酒淹沒了。

最後我打了通電話給父母，母親一接到我的電話，整個人也慌了。

「媽、對不起……我真的、受不了了……」

母親在電話的另一端大聲叫喚我，過沒多久，妹妹衝進房間救我。當時，我在埼玉租了一間兩房兩廳的五樓公寓，跟就讀大學的妹妹一起生活。母親接到我的電話後，立刻打給了妹妹。妹妹一看到我的表情還有我手中的藥物，嚇得面無血色。我抱住妹妹，跟她說了句對不起。

我環顧四周，在房內找到了貝斯。這玩意兒把我害得很慘，我很後悔自己玩音樂。我放開妹妹，直接抓起貝斯用力砸在地板上。貝斯的琴身順著木質紋理碎掉，裡面的電線也跟腦漿一樣噴了出來。

——這下子都結束了。

我把剩下的藥物吞進肚子，從房間走到客廳，往陽台的方向前進。我的腳步虛浮無力，視野模糊不清，耳邊還能聽到妹妹阻止我的尖叫聲。終於啊，我終於可以擺脫痛苦不堪的人生了……。

整個世界開始泛白，甚至上下顛倒——其實，頭上腳下顛倒的人是我才對。至此，我的意識也中斷了。

1 降低「幸福」的標準

二十三歲的夏天，我每天躺在自家床上度日

充實的過往宛如前世記憶⋯⋯

二〇一〇年九月，我二十三歲的夏天也宣告結束了。

自殺未遂後，家人帶我回千葉老家生活。藥物害我頭腦昏沉、四肢無力，我每天都過得像行屍走肉。可能是吞服大量藥物的影響，抑或是精神科開的抗憂鬱藥，導致我的身體和腦袋，就像被灌了鉛塊一樣沉重。我只能躺在床上，什麼都做不了。

——幾個月前的正常生活，彷彿黃粱一夢。

我躺在床上，想起過往的種種。

我本來在非政府組織[1]中工作，在工作之餘，還會練團彈貝斯、寫小說。

我參與的非政府組織，專門從事國際互助活動，主要負責支援東南亞的貧困階層，例如幫助失學的小孩子、推廣正確的農業知識、救濟天災發生的地區等。

我們的辦公室是一個約莫四坪大的小套房，正職員工包含我才三個人，另外還有一個會計和事務人員，他們都是兼職員工，我們只是一個小團體罷了。職員平常工作也挺忙，我們要用英文聯絡當地團體、想辦法張羅活動資金等等。

我沒有被派往海外，而是負責處理國內的活動和宣傳業務。工作內容包含召集義工、準備現場活動的介紹看板、更新團體的官方網站等。雖然跟國際互助活動有關，但我做的是支援性質的文書工作，不是一般人想像的那種實地工作。

我會來到非政府組織完全是偶然。大學時代我是念社會學系的，我的選修課程就是國際互助，那一門課的教授很照顧我，而且還是該團體的代表理事。

1. 簡稱NGO，通常為推廣理念或達成目標而成立的獨立運作組織，一般不屬於於任何國家或政府。常見的核心議題包括環境保護、人道救援、人權倡議等。

大四時我決定放棄求職，一心想當小說家和音樂家。教授不忍心我畢業後毫無出路，就收留我在此當個小職員。

非政府組織沒有一般企業嚴格，除非舉辦特別活動，不然通常晚上八點前就能回家了。白天我會早點起床，跑去咖啡廳寫小說；晚上就去練團，跟樂團的朋友聚在一起作詞作曲。

各位看我這樣，可能覺得我生活過得很充實對吧？事實上，我從十二歲開始寫小說，寫了整整十年也沒什麼成果。我害怕承認自己缺乏才能，也不敢投稿參加比賽。音樂我也練得滿認真，可惜同樣沒有靠音樂吃飯的本錢，這讓我的焦躁感漸漸超越了開心的感覺。

不過，我還是在這兩件事上付出不小的心力。畢竟我也找不到其他想做的事，萬一失去夢想，我不知道該怎麼活下去才好。

我也交過女朋友。大學時代我們是同一個社團的，她比我小兩個學年。這段感情在我出社會以後，同樣維持得不錯。她很喜歡音樂和次文化的東西，下班後我們會一

17　降低「幸福」的標準

起吃飯，一放長假就到全國各地旅遊，不然就是到市區散步，互相抱怨學校和職場的鳥事，就是隨處可見的交往模式。

然而這些平凡無奇的生活片段，對我來說就像前世的記憶一樣。

我吞藥自殺兩天後才恢復意識，一醒來就看到母親憔悴的面容。我想不起來自己身在何處，也不曉得為何自己會躺在這種地方。虛弱消瘦的身體逐漸恢復知覺，腦海中回顧著自己失去意識前做的事，絕望感也跟著浮上心頭。

天啊，我連結束自己的生命都辦不到。

我的身體無法使力，意識也朦朧不清，如墜五里迷霧。我的嘴裡有幾十處潰瘍，一開口說話就會產生激烈的痛楚。喉嚨深處像是塞了什麼乾硬的東西，無法順利呼吸。

後來我才知道，院方為了幫我排出大量的藥物，在洗淨我的胃腸後，還往我體內塞了醫療用的活性碳，吸收身上的毒素。我的口腔會潰瘍，是因為營養也一起被吸走的關係。現在的我就跟腐朽的木頭一樣癱在床上，連起身或哀號都做不到。

心裡倒是平靜到很不尋常的地步。

一切的意念都消失了。不管是追逐夢想的熱忱、喜歡別人的心情、不惜熬夜也要努力做好一件事的氣魄、對工作的煩惱和不安……這些統統都不見了。

這時候我才領悟到，想尋死也要有精神上的起伏，以及足以殺死自己的力氣。

害怕憂鬱症被治好……

醫生診斷我失去工作能力，理由也合乎情理，因此在我領不到薪水的療養期間，可以用健康保險領取「傷病補助金」。

要領取傷病補助金，需要提出業主的證明文件和醫生的診斷書。經過核准後，每個月領到的補助相當於三分之二的薪水。補助提供的時間也很長，最久可以領一年半。像我的離職是出於個人因素，加入勞工保險也不滿十年，失業補助只有九十天可領。相形之下，傷病補助給了我一段很長的療養時間。

這個制度最可貴的地方在於，只要在職超過一年以上，離職後也能領取補助。我簽下正式的雇用契約後，工作了一年又兩個月，算是勉強符合領取資格。

由於我整天臥病在床，父母也沒催我趕快去找工作。他們只是默默地照顧我，希望我用這一年半的時間，找到自己未來的方向。

父母不會強行帶我出門，也不會問東問西，連三餐都幫我備好。他們看到自己兒子每天躺在床上，眼睛跟死魚一樣缺乏生氣，一定也不好受吧。不過，有件事他們講得很清楚。

「你要是死了，我們也不想活了。所以你千萬不要自殺，別再做那種事了……」

他們不在乎我變成怎麼樣，只希望我活下去就好，這種認同對我是莫大的救贖。

要領取傷病補助金，我得接受醫生的診斷，填妥申請表格才行。因此前往鄰鎮的大醫院是我唯一的外出時間。

「你以前把自己逼得太緊了，現在先好好休息，重新瞭解自己。等恢復健康了，再來打拼就好。」

我的主治醫師是個中年人，每次只會講同樣的幹話。

你最近怎麼樣啊？你的身體還好嗎？這禮拜做了哪些事啊……。反正就是確認我的狀況，調整處方藥的份量。

我認為精神科的診療跟感冒的診療是兩回事。感冒時去給醫生看一下，拿完藥休息個兩三天就沒事了。可是，精神的生病是心理出了問題，說穿了還是要靠自己的意志力來解決。

醫生開給我的藥物，似乎有抑制不安的作用，可以調整腦部混亂的訊息傳遞機能。服用後確實有緩和不安和情緒波動的效果，但那只是靠藥物麻痺自己罷了，終究是治標不治本的作法。

根據我看書和上網查的資料，造成憂鬱症的原因非常多。有人長時間工作，在慢性疲勞的狀態下罹患憂鬱症，經過充分的休養後，放棄高薪改做工時較短的工作就康復了。也有年輕人厭倦人際關係而罹患憂鬱症，結果搬家後換了一個新環境就痊癒了。至於在工作和生活上缺乏成就感的人，也有可能一談戀愛就康復。當然，也有人患病多年沒有痊癒，只好得過且過。

那麼，我的情況又是如何？

出社會以後我有工作上的壓力，承認自己沒才能也帶給我很大的絕望感，被女朋友拋棄的喪失感更是無比沉重，另外還有我本身的性格問題。我的憂鬱症似乎是各種原因累積而成。我必須釐清每一個因素，找出有效的解決辦法。

最重要的是，我得再一次找到自己真正想做的事情——否則同樣的問題會重複上演。

可是，我很害怕治好憂鬱症。

萬一休養後康復了，我該做什麼才好？

我該追求什麼？該以什麼為目標活下去呢？

這些問題我現在毫無頭緒，如果我現在治好憂鬱症，就得再次面對自己的人生，光想我就怕得渾身發抖。

羅患憂鬱症對我來說有一個明確的好處。只要我還沒有痊癒，我就有一個不必跟社會接觸的藉口。

一個好手好腳、大學畢業的二十三歲青年，必須出社會工作才行。生活要過得充實，也得有夢想和人生目標；不想寂寞度日的話，也得多多結交朋友和戀人。

不過，「憂鬱症」可以讓我擺脫這一切義務和社會枷鎖。有憂鬱症這個藉口，我就能名正言順地賦閒在家，接受自己沒朋友沒女人的孤獨現實。更重要的是，我不必追求夢想或目標，也不用為此努力。

憂鬱症這個擋箭牌，可以用來逃避一切可能傷害我的事物。而且，沒人對我有怨言，至少家人、醫生、社會都容許我得過且過，我還能拿到一定的補助款，至少生活無虞。

明知自己跟社會日漸脫節，思想也越來越墮落，我卻有種奇妙的安心感，不願離開這樣的舒適圈。

澈底降低「幸福」的標準⋯⋯

我光是打開房間的電腦，螢幕的光線就會讓我頭暈，我的眼睛也同樣無法聚焦在書本的文字上。電影和電視的聲光效果也令我頭昏腦脹，我看一下就馬上關掉了。

起床活動三十分鐘我就累壞了，只好躺在床上看著天花板發呆，過得如此頹廢真的非常痛苦。

因為躺太久的關係，我的背部和臀部還長了褥瘡，褥瘡不是老人才有的毛病嗎？那種皮膚好像要爛掉的痛楚，彷彿在無聲指責我是個一無是處的廢物。

那一年的夏天持續創下高溫記錄，窗外始終是萬里無雲的藍天，湛藍到很荒謬的地步。二十三歲的我，只能待在充滿自己味道的小房間，那個我從小熟悉到想吐的小房間，抬頭仰望那一片藍天⋯⋯。

世界上一定有各種可能性和生活方式吧？想必有很多人享受著那些可能性，感受著多采多姿的生活，跟喜歡的人幸福度日，努力達成自己的夢想。當我眺望窗外的天空，就覺得自己看穿了世間的繁華，看透了社會的紛擾和形形色色。

我已經沒有心力去死了，腦中思考的只有活下去這件事。

拿自己來跟整個世界相比，其實只有空虛而已。我別的沒有，時間特別多，偏偏我卻活得一點意義也沒有，連一本書或一部電影都看不完。

所以，未來的人生我決定盡可能降低幸福的標準。

我放棄寫小說，只保留寫日記的習慣。我告訴自己，哪怕只寫下一行字，那一天就算過得很有意義了。

如果連寫一行字都嫌痛苦，那就慶幸自己還活著、還有在呼吸就好。

專注在一些微不足道的小事上，會讓我相信活著是有意義的。好比觀察美麗的雲彩、品嘗晚餐美味的炸雞塊、早上鞭策自己不要賴床等等。不然，連續兩三個月躺在家裡，完全沒有從事建設性的活動，這麼沉重的心理壓力我真的承受不了。

知足的生活持續了三個禮拜左右，我漸漸能認同自己了。或許是我專注於生活、不再想死的關係吧。自殺未遂後那段臥病在床的日子，我就是這樣撐過來的。

2 尋找轉機

大公司董事在釣魚時教我的人生道理

害怕卻不能不與人接觸……

從我自殺的那一天起，我就沒跟家人和醫生以外的人交談過了。

原本的手機在我罹患憂鬱症時就弄壞了，社群網路的帳號也被我砍掉了，過去的朋友都不知道我的新手機號碼。

其實就算我知道他們的號碼，也不敢主動聯絡。我很害怕跟別人接觸，一想到要跟別人交談我就怕到頭暈目眩，連身體都會發抖。我不想讓別人知道，我變成了逃避社會和夢想，整天躺在家無所事事的人。

罹患憂鬱症後，我才發現真的會害怕跟別人接觸。像我這樣連續幾個月脫離社會

生活，沒跟外人談話的人，很容易會忘記怎麼跟社會重新接軌。這不是有心就能跨越的障礙，也不是努力就有辦法解決的問題。尤其像我這種有家人保護的患者，很有可能會直接惡化成繭居族。

不過我也很清楚，自己還是需要一個轉機，讓別人來拉我一把，也可以說是替自己的腦袋，注入一些從未體驗過的刺激。

所謂的轉機也許是一本書，或是一部電影，**但最好的轉機還是「與人接觸」**。

沒錯，我很害怕與人接觸。

所以我才更應該跟別人交流，傾訴自己的遭遇才行。

就像那一天，我在利根川的棧橋上，偶然遇見伊波先生一樣。

夏去秋來，我的身體也逐漸恢復了，傍晚氣溫下降後我會到戶外散散心。儘管身體還是很疲倦，但意識已經相當清醒了，可以開始思考一些事情。

我的老家位在千葉和茨城的交界地帶，離利根川只有十分鐘的腳踏車車程。

利根川的河岸旁有一條沒鋪設的小徑，兩旁是一大片的芒草原。穿過那條小徑，就會看到老舊的棧橋了，那是我自己找到的地方，這裡立刻成為我的秘密基地。

棧橋周圍都是芒草原，因此沒什麼人會過來。我就坐在棧橋上面，眺望著夕陽西下的河面風景，讀一讀自己帶來的書，或是躺下來看著天空發呆。天色轉暗以後，我就騎著腳踏車回家，吃母親替我準備的晚餐，吃完就上床睡覺。家人同樣默默地照顧我，他們的溫柔讓我好心痛。

我必須做點改變才行，好歹也要前進一小步。

可是，該往哪個方向前進才好呢？

這樣的生活持續了兩個禮拜左右，某天傍晚，我跟平常一樣坐在棧橋上發呆，一台休旅車開過芒草原中的小徑，來到了棧橋邊。

「不介意我釣魚吧？」

很少有車子經過這裡，我心想那台車應該會直接開過才對。不料，休旅車停在棧橋的正後方，隨後從駕駛座下來一位大叔。

我渾身緊繃，連大氣都不敢喘。

「你好啊。」膚色曬得很健康的大叔，笑笑地跟我打招呼。

「坐你旁邊可好？」

「咦、啊、請、請坐。」

「不介意我釣魚吧？」

「釣魚？」

「對啊，釣魚。」

「呃、請吧……」

大叔打開後車廂拿出各式釣具。他一屁股坐在我旁邊，熟練地準備釣具。

「天氣還很熱呢。」

「小老弟，你知道這附近有什麼魚嗎？」

大叔和顏悅色地跟我談天，我卻支吾其詞，連隨口附和幾句都做不好。應該說，我從沒思考過利根川能釣到什麼魚。

大叔年約五十左右，體格並不高大，但T恤底下的臂膀和身材十分結實。他的膚色曬得很健康，看上去並不老氣。最重要的是他的眼神，就像一個喜歡釣魚的少年長大後，依舊童心未泯的眼神。那一雙眼睛，讓我迅速放下了戒心。

‧‧‧‧大公司董事跟我一起釣魚

大叔的名字叫伊波。

「伊波先生，你今天休假嗎？」

我已經對禮拜幾沒有概念了，但照理說今天應該不是假日才對。

「這個嘛，還是要工作啦，只是今天的活我幹完了。」

「你在哪裡高就呢？」

「石油公司啊。」

「石油公司……你是說？」

「我在〇〇石油上班，你聽過嗎？」

何止聽過，那家公司開的加油站這附近就有好幾間，是大型石油公司的名字。

「公司打算在這邊開幾家分店，就派我來視察了。」

「是喔……感覺是很了不起的工作。」大叔光是報出公司的名字，我就被嚇傻了。

「也還好啦，不過就是跟當地人打聽一點消息，四處走訪觀察土地狀況，順便去巡視其他分店罷了。我在這一帶有不少朋友，工作也算不上忙啦。」

「聽起來很自由呢，這不是位高權重責任輕嗎？」

「位高權重喔……要這麼說也行啦。我在公司人家會一直叫我當社長，煩都煩死了，所以我才跑出來亂晃。」

「……這樣啊。」

大叔似乎隨口說出了一件很重要的事。

「我現在是當董事啦，但跑來外面釣魚比較輕鬆自在。」

大叔肯定是在開玩笑吧。

我跟社會再怎麼脫節，也明白那種大公司的董事，不可能跑到利根川旁的荒地，還坐在我旁邊釣魚。

「是說，你做這麼重要的工作，平常一定很忙碌吧？」

「以前是很忙碌啦，進公司後拼死拼活幹了二十多年。現在嘛，悠哉一點不打緊啦。」

伊波先生的眼神像在緬懷過去。

「小老弟，你是學生嗎？」

我苦笑回答，自己目前在休養沒有工作。

「我一直做到五月，後來罹患憂鬱症就辭職不幹了……目前還在休息。」

「這樣啊，憂鬱症很痛苦呢，你今年幾歲啊？」

「二十三。」

「真年輕呢，辛苦你啦。原來是這麼回事啊。」伊波先生體察我的處境，語重心長地說。「我也罹患過憂鬱症，難受的不得了啊，整整兩年都廢了。」

「整整兩年……是嗎？」

這句雲淡風輕的話，聽得我毛骨悚然。我罹患憂鬱症才四個月——根本不敢想像這種痛苦持續兩年是什麼情況。

「憂鬱的時候啊，釣魚最棒了。」

「你說……釣魚？」

「沒錯，釣魚，你釣過嗎？」

「以前釣過……可是，好幾年沒釣了。」

「我在你這個年紀也是挺拼的，但我再忙也一定會抽時間釣魚，所以才沒被工作給打垮啊。」

伊波先生回去打開後車廂，拿了另一根釣竿給我。

「一起釣魚吧。」

「放鬆就好，放鬆就好。」

我按照伊波先生的指示甩出釣竿，可惜始終甩不好。

「放鬆就好，放鬆就好！」

「你要看即將抛入釣線的水面，而不是看自己的手！」

我笨手笨腳的，伊波先生仍然很有耐心地教我。

好不容易把釣線抛入水中，釣了三十分鐘總算有動靜了。沉重的拉力透過釣竿傳到我的掌心上。

「釣到了！」

「慢慢來！」

我按照伊波先生的指示，以時緩時快的方式拉動釣竿。

河面上水花四濺，伊波先生已到棧橋下備妥魚網。我看距離差不多了，就用力拉起釣竿，魚也落入網中。

「你看！」

伊波先生拉起魚網，讓我看釣到的成果。

我釣到的是一條小鯰魚。

我怯生生地把手伸入網中，抓住那一條不斷掙扎的鯰魚。鯰魚的身體摸起來黏黏的，堅硬的魚鰓差點割傷我的手指，而且還有種溫熱的觸感。總覺得自己好久沒有摸到其他的生物了。

「太好了，你打算怎麼處理啊？」

「該怎麼辦呢……你想怎麼處理比較好？」

「這條魚還小，放了吧。」

「也是。」

魚鉤被鯰魚吞得很深，我試著拔出魚鉤，可惜魚鉤已經深入內臟拔不出來。我交給伊波先生處理，他也折騰了老半天，鯰魚完全失去生命力了。

「可憐吶，這小傢伙不行了。」

伊波先生按壓鯰魚的腹部，強行取出魚鉤，鯰魚也奄奄一息了。伊波先生直接將鯰魚丟到河裡，鯰魚一動也不動，就這麼沉入混濁的河底，我們一起看著鯰魚消失在水中。

伊波先生隔天也有空，我們約好傍晚再會，那一天就各自回家了。

上次和別人立下約定似乎是好久以前了。

■被自由的生活方式刺激

隔天我一到棧橋，伊波先生已經在那裡釣魚了。我緊張地上前打招呼，伊波先生回頭跟我說他釣到不少，眼神跟孩子一樣歡欣雀躍。

「這裡的鯰魚好多啊！」

「都是鯰魚嗎？」

「對啊，你看有這麼多！」

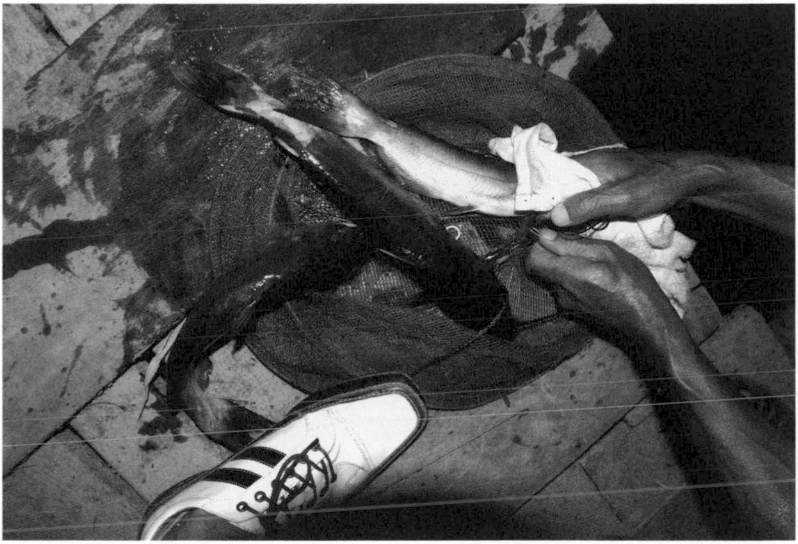

喜笑顏開的伊波先生叫我看棧橋下方，下面有三隻肥嫩的鯰魚在網中扭動。伊波先生的表情很得意，我也忍不住笑了出來。

根據伊波先生的說法，他這一個月都在關東地區視察，偶爾才會回公司報告。

「你今天也有上班嗎？」

「有啊，工作上午就處理好了，下午我去印旛沼的釣場釣魚，這一帶真不錯呢。」

「這樣啊……對了，伊波先生你住這附近嗎？」

「沒有，我不住這裡。」

「那你是住旅館囉？」

「也不是，我住車子裡。」

「……車子裡？」

「我的生活用品、食物、睡袋都放在車子裡。」

「咦，所以你真的在車子裡生活？」

「是啊！住旅館很累嘛，與其這樣不如開著車到處釣個痛快，晚上再去附近的澡堂洗澡，洗完直接睡車上就好。隔天早上醒來再去釣魚，多快活啊。」

伊波先生打開車門給我看，裡面有存放食物的保冷箱，以及各式釣魚用具，還有衣物等日用品和睡袋。我聽過有人住車子裡，但我還是頭一次遇到這樣生活的人。

「你不回家嗎？」

「回家也不知道要幹嘛啊。小孩都獨立了，回去也沒事幹，住車上比較自在啦。」

「感覺你就像一個淡泊名利的旅人呢。」

「也是啦，應該說釣客才對。」

這時候，我終於想通了。我之所以對伊波先生有好感，還能勉強跟他正常對話，就在於他身上有種無拘無束的自由氣息。

‧‧‧‧最初也是最後的工作

二〇〇八年，我大學四年級的夏天。

我一心只想成為小說家和音樂人，不願到社會上求職。我把旅行用品塞進背包裡，出發當一個浪跡亞洲的背包客。

我之所以這麼做，主要是想瞭解其他國家的生活方式。在一般人的觀念裡，大學生畢業後必須到企業上班，也就是放棄自己的夢想，活在現實的社會中。這種理所當然的社會風氣，我很不以為然。

我明白想靠興趣吃飯，至少得先成為「專業人士」。

可是我總覺得，這世上肯定有人過得自由自在，還不用為五斗米折腰。我知道自己沒有馬上成為專業人士的實力，因此想瞭解其他未知的生活方式。

我八月入境泰國，花了三個月時間走訪寮國、柬埔寨、馬來西亞、新加坡、印尼、孟加拉等地。八月的東南亞熱死人不償命，我噴了幾公升的汗水，跟一個朝聖的信徒一樣，走訪各地認識當地居民，順便和其他旅人交流，尋找我要的答案。

我在泰國逗留期間，某天接到大學教授的聯絡，那是平日很照顧我的教授。

「你好啊，阪口同學，聽說你在享受貧窮旅行是吧？」

「教授你好。是啊，我沒錢還是繼續周遊列國。」

「等你淪為東南亞的貧困階級，我再叫人去救濟你吧，哈哈哈！」

那位教授的課程，主要在探討開發中國家的國際互助問題，還參與不少非政府組織的成立和營運。教授既溫柔又善良，臉上永遠掛著好好先生的笑容，他的人品和善行令我深感佩服，所以我主動擔任他的課堂助手，幫忙做一些器材準備之類的工作。

教授總是開心地談論世界局勢和亞洲概況，我在出國前有表明自己要去東南亞旅行，他還介紹當地的非政府組織成員給我認識。

「我記得你沒有參加求職對吧？你說過你要當小說家嘛。」

「是。」

我只有跟這位教授說過我將來的夢想，以及我不願求職的理由。

「我之前也說過，我經營的團體專門救濟亞洲的貧困階級，你要不要來上班呢？我們想加強公關能力，偏偏組織裡又沒年輕人，這方面不太夠力啊。」

「教授你真的要找我嗎？我沒做過這方面的事耶。」

「沒關係啊，工作技能學就會了嘛。當然啦，你有自己的夢想，我也不勉強你，但生計加減要顧吧？同樣都是去外面工作，何不來我這邊呢？」

我考慮了一個禮拜左右，決定接受教授的好意。

教授說得也沒錯，畢業以後總要討生活，況且非政府組織跟一般企業或打工職場不同，或許會給我一些生活上的啟發。最重要的是，那位教授瞭解我的夢想和嚮往。所以我決定進入非政府組織工作，同時朝小說家和音樂家的目標邁進。

十一月返抵國門我就去幫忙處理文書工作了，我連申請書和履歷表都沒有填，一畢業就當上那個組織的正式員工。

我這輩子最初也是最後的正職工作，就這麼定下來了。

溫柔的職場也待不下去……

我願意跟伊波先生交心，可能是他跟那位教授滿像的吧。他們都有一張溫柔的笑容，以及無拘無束的自由氣息。跟伊波先生聊天，給我一種很懷念的感覺。

「為什麼你辭掉工作啦？」

「我對工作也沒有不滿，其實工作內容蠻有趣的，還能認識很多平常沒機會認識的人，只不過……」

「只不過？」

「只不過，我無法忍受跟別人一起工作的環境。每天去同樣的地方、跟同樣的人見面，會讓我覺得很鬱悶。」

工作到後來，我連要正常呼吸都有困難。

我在職場會渾身緊繃，沒辦法好好跟同事交談。連最簡單的報告或商量事情，都得鼓起勇氣才做得到。我非常在意自己的表情還有說話的聲音，很難保持自然的態度交談。我還曾經緊張到心律不整，心臟疼痛難當，最後昏倒被送往醫院。

職場的同事人都很好，也願意幫助我這個還不熟悉工作的新人。他們待人溫柔，也支持我的夢想。然而，每天在固定時間去上班，在狹窄的空間裡跟別人長時間共處，這樣的環境對我來說非常痛苦。

另一個原因是，我立志要闖出一番名堂的小說和音樂遲遲沒有進展。當然，這兩大夢想無法在短短幾年內大成，但我還是急著想得到成果。我減少睡眠的時間和伙食費，給自己設定很難達成的目標，我以為要逼迫自己才能創作出大作。同事看我這樣鞭策自己，也好心勸我不要給自己太大壓力。

更不要說，連那麼溫柔的職場都待不下去，對我來說是很沉重的打擊。小小的非政府組織都待不下去，那我就更不可能到企業上班了。

夕陽西下的利根川景色十分優美。

橘色的水面逐漸泛起銀亮的藍色，最後染上漆黑的色彩。跟伊波先生在繽紛的水面上釣魚談天，實在是一段寧靜悠閒的時光。我們握著手中彎垂的釣竿，一起釣水中的鯰魚。（我們每次釣到的都是鯰魚，我甚至懷疑利根川是不是沒有其他魚類。）

「伊波先生，你為什麼會得憂鬱症呢？」我試著提出這個問題。「我實在很難想像……空耗兩年是什麼情況，你是忙到得憂鬱症嗎？」

伊波先生默默搖頭，然後跟平常一樣，雲淡風輕地說。

「我老婆去世了。」

時間彷彿凍結了。

「二十三歲那一年，我認識了我老婆……那時候她真的好漂亮。我很喜歡她……可以說是一見鍾情吧。

「年輕時我也跟不少女人交往過……認識她以後，那些關係我都斷乾淨了。能夠跟她那麼棒的女人結婚，我覺得自己是全宇宙最幸福的男人。」

伊波先生盯著浮標說出往事，沒有轉過頭來。

「她得了白血病。」他的眼神失去了一點光彩，我似乎能在他臉上看到乾涸的淚痕。

「我一開始還在想，媽的這是在開什麼玩笑。我老婆也以為自己只是身體不適，結果醫生竟然說她得了白血病。我們真的無法接受……這不是電視劇才有的情節嗎？根本莫名其妙嘛。

「之後，我只能眼睜睜看著心愛的人衰弱下去，什麼也辦不到。錢再多也沒用，無能為力就是無能為力。

「我老婆去世以後，我什麼都沒辦法思考，腦子裡只有一個念頭，為什麼死的是她？為什麼死的不是我？……我都不記得自己詛咒老天爺多少次。

「後來我整個人都廢了，公司也讓我停職休息。反正家裡有積蓄，公司也有提供補助，三個小孩都已經去念大學……但我已經提不起勁做任何事了，身心完全沒有活力。想死的念頭也不曉得浮現多少次，這樣的人生也沒意義嘛。可是，孩子都還在，我終究沒有尋死。我花了兩年時間，才重新爬起來。」

不，伊波先生沒有爬起來，完全沒有。他依舊深受打擊、依舊沉痛無比，只是他選擇努力活下去。

當時的我無法想像他的哀痛，也無法想像背負這種哀痛活下去有多堅強。

「我的二十三年人生毫無意義。」

二〇一〇年五月十七日，那是我認識伊波先生四個月前的事情。

在開往埼玉縣志木車站的電車上，我決定結束自己的生命。

我站在車門邊眺望窗外的風景，偶然看到自己的臉龐映照在玻璃上。一雙空洞的眼睛與我對望，下垂的嘴角彷彿早就忘了何為歡笑，表情也沒有一絲生氣和活力——玻璃上反射出一個我完全不認識的人。

「啊啊，這傢伙大概一輩子都不會有成就……」

「長得一副衰小樣，怎麼可能實現夢想……」

那一瞬間，我深信自己應該盡快殺死眼前的這個傢伙。

電車抵達車站時，我澈底陷入了恐慌狀態。我想要盡快殺死自己，失去冷靜的腦袋卻想不出有效的自殺方法。是不是吞安眠藥就夠了？吞安眠藥可以輕易殺死這傢伙嗎？我跑遍各大藥局，沒有一家有賣足以致死的藥物。我想不到其他死法，只好先回到住處，整個人喘得上氣不接下氣。

一如往常的房間裡，四面八方都是書，沉重又苦悶。

腳邊疊了一堆稿紙，軟木板上有跟社團伙伴一起拍的照片，另外還有女友的信、工作上的文件、喝到一半的瓶裝飲料等等。牆上掛著積滿灰塵的飛鏢靶，書架上有一整排的爵士樂唱片——我一回到這個熟悉的環境，又萌生了想要趕快逃跑的念頭。我拿起筆，用桌上的全新稿紙寫下遺書。

「二十三年的人生，毫無意義。」

我拿起口袋裡的摺疊手機，將手機掰成兩段。手機發出碎裂的聲音，畫面悄然死去。我把壞掉的手機扔在桌上，逃離了自己的房間。

等我回過神來，已經漫步在大阪的街道上了。

早晨忙碌的通勤時段，我獨自站在熙來攘往的人潮中。

我不記得自己為何要來大阪，也不記得自己是怎麼來到大阪的。我大概只是想找個遙遠的地方，隨便跳上一輛電車或巴士，就剛好來到大阪了。

我走在大阪的繁華街道上，茫然得不知所措。那一天並非例假日，上班打卡的時間也早就過了。我一整天在街上徘徊，夜晚就在梅田車站旁邊的路上，跟遊民睡在一起。

隔天我一樣到街上亂晃，卻始終找不到一個適合自殺的地方。每個地方都充滿生氣，似乎沒有我這種人介入的餘地。更何況……我還掛念著女友。我留下她一個人，什麼都沒跟她說。

我刻意不去想她，但她的笑容和聲音，卻不經意地掠過心頭。一想到她，我緊繃的情緒當場潰堤。我衝進網咖打開電子郵件，看到她寄了好幾封關心我的訊息。

我跑回東京見她，她的表情卻不怎麼開心。

在她身旁有一位男同學，這位男同學也是我四年來的社團好友。他一定也在到處找我，我神智不清地道完謝，跟他們一起去吃早餐。後來只剩下我跟女友，我們一起回到住處。

我想一把抱住她，她卻用手推開我，還顫抖著跟我說對不起。

「對不起……我已經，不愛你了。」她以嘶啞的嗓音，哽咽地說出心裡話。

「真的，對不起……！」

昨天我看到她寄來的訊息，上面有附註電話號碼，我立刻抄下號碼衝進電話亭。她在電話裡哭著求我回去，當時我就決定跟她重新來過。

現在我終於明白，為何我在車站看到她時，她的表情悶悶不樂。

原來，她早就下定決心了。就在她寄來好幾封訊息，拜託我回來的時候，她早就下定決心了。仔細想一想，其實這都是有徵兆的。一直以來我的精神狀況不穩定，她也到了該思考未來的時刻，偏偏我沒有足夠的心力，也沒有堅強的精神照顧她。然而，聽到她親口說出這些話，我還是無法抑制的心痛。

啊啊，我到底是回來幹嘛的……。

我發出崩潰的尖叫聲推擠她，將她直接推到家門外，她難過得哭了。我鎖上家門，回到床上抱著棉被痛哭失聲，強烈的絕望感澈底擊潰我，我哭暈在床上。

過了一會我清醒過來，只見她低頭看著我，眼睛都哭腫了。母親就站在女友的身後。想必她被我趕出家門以後，不曉得該如何是好，就這麼傻傻地站在門外乾等吧。一定是母親請她回來再見我一面的。

我幽幽地告訴她，「對不起……謝謝妳……妳不用管我了，真的……」說完最後這句話，我閉起眼睛，祈禱自己再也不要醒來。

現在回想起來，她對我真的是情深義重。

都已經決定要分手了，她卻沒有棄我於不顧，還把我從死亡邊緣拉回來。雖然我後來背叛了她的用心，幹下了自殺未遂的蠢事，但每次想起她的溫柔和深情，我晦暗的心靈似乎又燃起了一點光明。

然而，我還是不知道自己該為何而活。我該做什麼才好？又該往哪個方向走？這些問題我完全沒頭緒。

該如何找到人生的方向……

隔天我去利根川的棧橋，又看到伊波先生釣魚的背影。

伊波先生跟我說，他在這一帶的工作處理得差不多了，明天要去別的地方視察，今天是我們一起釣魚的最後一天了。

我們釣到的依舊是鯰魚，伊波先生倒也不在意，每次釣到魚他都很興奮。我釣魚的技術還是很差勁，伊波先生也笑我怎麼一直沒進步。

「我不知道自己該往哪個方向走。」

夕陽靜靜地落入利根川的另一頭，我晃著手中的釣竿，說出心中深藏的疑惑。跟伊波先生分別之前，有件事我無論如何都得問清楚。

「我曾經有心愛的人，也有夢想。可是現在這些都失去了……我不知道該依靠什麼活下去才好。醫生叫我先休息，但康復以後我該幹什麼？我該追求什麼人生目標？這些我都不曉得。」

伊波先生聽了我沒骨氣的自白，也沒有笑話我。他凝視著河面上的浮標，以平時那種雲淡風輕的語氣，立刻給了我一個堅定明快的答案。

「工作就好了啊。」

「你說……工作？」

「沒錯，就是工作。什麼工作都無所謂，不是正職員工也沒關係，看是要去便利商店或加油站打工都好。不要管什麼職業或行業，去工作就對了。」

「不工作不行嗎？」

「不行，不工作你什麼方向都找不到。要做什麼都無所謂，重點是你要跟社會有聯繫。沒有聯繫的話，怎麼想都想不出任何法子。」

這句話確實說到我的心坎裡了。

「我現在很怕工作。」

「這樣啊，也對啦。……不過，你還是得去工作。跟你說，男人要工作才能找到方向，要工作才能得到一些東西。我也不要求你馬上去工作，但你不能逃避工作，工作才是唯一的救贖。」

聽著這段話，我總覺得這不是給我的建議，而是伊波先生在勸諫自己。

這是一個男人回首過往，回首那兩年荒廢的時光，背負著失去摯愛的空虛感，仍然選擇勇敢活下去的真心話。

因此，我決定再一次投身工作。

可是，到普通的企業上班，也只會重蹈覆轍。

既然如此——那就只剩創業一途了。

PART II

強迫自己，
重新適應工作的生活

3 用行動彌補遺憾

想起過去的悔恨心情，下定決心創業

我單純的創業動機

我認為「創業」這兩個字，就是「創造維生的手段」。說成「開創新事業」顯得太過浮誇，我要的只是賴以維生的手段，讓自己和心愛的人衣食無缺的方法。

我沒辦法到一般企業或組織上班，相信也有很多人跟我一樣，對於出社會工作這件事感到不適應吧。但再怎麼不適應，也還是要想方設法維持生計。

當你決定自立門戶混口飯吃，不管你要幹哪一行，那都叫「創業」。

我認為創業的理由其實無關緊要。

創業不需要冠冕堂皇的理由，不必思考自己對社會有什麼價值或貢獻，只要有你發自真心的動機就夠了。

以我來說，我決定創業的動機其實很單純。

在認識伊波先生前不久，我鎮日躺在老家的床上眺望窗外的藍天，偶然想起了大學時代在東南亞仰望的那片天空。我想起了那個長途跋涉、汗流浹背的夏天，以及東南亞特有的香料和鬧區混合而成的氣味。

還有我曾經在泰國拋下的女孩。

大四那一年我放棄求職，前往海外探索不一樣的生活方式。我的第一站是泰國，才第一站我就差點放棄旅行的初衷了。因為，我跟一個在曼谷餐廳工作的女孩相戀了。

當時，有個叫圭先生的人跟我住同一家民宿，他經常帶我去曼谷的繁華區遊玩。圭先生泰語十分流利，而且熟悉在地景點和聲色場所，連追女孩子的方法都知之甚詳，算是教導我所有玩樂方法的師父。我總是跟他相約碰頭，請他帶我去各地玩耍。

那個叫 Ice 的女孩，就是我在曼谷是隆路上的小餐廳認識的。

以一個泰國人來說，她的皮膚相對白晰，臉蛋也圓滾滾的，五官很接近日本人。她笑起來好可愛，感覺跟我小學喜歡的女孩子有點像。她來替我們點餐的時候，我一看到她頓時心跳加速。

「不好意思，我好像對那個女孩一見鍾情了。」

「你是說，剛才替我們點餐的女孩？」

「是啊，怎麼辦？我該怎麼辦才好啊？」

遇見她之前，我從來不曉得什麼叫一見鍾情。

那時候店裡的客人不少，圭先生還是幫我叫來那個女孩，用泰文跟她說了一些話。圭先生指著我笑呵呵，那個女孩也笑了，軟綿綿的泰文發音聽起來好可愛。我開始懷疑自己大學幹嘛選修英文，與其選修英文那種玩意，我真應該選修泰文才對。

「Chuu arai krap？（妳叫什麼名字？）」

這是我唯一會的泰文。

「Ice。」

「愛？」

「Cai cai.（嗯，沒錯。）」

「Khun, taorai krap？」

我想問她幾歲，不料圭先生和 Ice 聽了我的泰文後哈哈大笑。

「不是啦，你講錯了，裕樹。問年齡要用『Aa yuu taorai』！你剛才那句話，是問人家值多少錢的意思！」

「咦咦？！」

問一個剛認識的女孩值多少錢，就算是開玩笑也未免太過火了。我羞得滿臉通紅，急忙比手畫腳的解釋自己不是那個意思。好在圭先生是老江湖，多虧有他替我打圓場，那個女孩的心情還算不錯。聊完以後，她害羞地回去工作了。

「總之我跟她說，你很喜歡她。」

「你怎麼一下子就說出來啦！」

「呃，這裡是泰國嘛。」

「不是這樣搞的吧，就算這裡是泰國，你也不要一下就暴露我的心意啊。」

「安啦，泰國這樣搞沒問題的，這裡可是熱情南國喔！」

Ice不太會說英文，而我幾乎不會泰文。我去二手書店購買泰文的圖文會話書，每天帶在身上去餐廳找她。我會等到她工作結束，邀她一起去吃飯或遊玩。圭先生也教我把妹的技巧，我過上了一週告白三次的多情生活。

有一天晚上，她打電話給我。「哈囉，你現在在哪裡？」

那時候我跟圭先生到其他餐廳喝酒，我們分開以後，我獨自坐在鬧區的街上醒酒。

「我在餐廳附近啊？」

「是喔，那你在幹嘛？」

「呃，我喝醉了……稍微坐在路上休息。」

「你這樣也太危險了吧。」

她叫我乖乖等她，說完就掛斷電話了。我等了十五分鐘左右，她坐計程車來接我。

「你怎麼醉成這樣啊？我送你回去吧。」

「不好意思啊。」

「沒關係啦。」她露出了寬容的微笑，對我說，「我是你女朋友嘛。」

我們語言不通，對話總是有一搭沒一搭，找不到話聊的時間也不少。然而，沒什麼比異國戀更激情浪漫的邂逅了。

這也是我只去東南亞旅遊的原因。不管去寮國、印尼、孟加拉，我一定都會回泰國。大多數時間我都待在泰國，幾乎是陷在那裡了，但每一天都是新鮮刺激的體驗。在陌生國度與異國女子相戀，這對男人來說是最棒的冒險了。

只是，我一個死大學生沒有在當地賺錢的能力。

日子一天天過去，銀行存款也不斷減少。我盡量減少開銷，想多留在泰國陪她，可是這樣一來我沒錢打理自己，也沒辦法帶她去約會玩樂。我越想跟她在一起，反而給自己越大的壓力。整天被錢的問題煩得要死，卻什麼也做不到，我澈底體會到自己有多無力。

「兩個禮拜以後，我就要回日本了。」我把自己的決定告訴她。「我得先回學校，繼續打工存錢才行。」

「這樣啊。」她低下頭，問我，「那你什麼時候會再來？」

這次回去，我也不知道何年何月才能再見到她。我回國的時間是十一月，大四的秋天大概也很難找到好的兼差，況且畢業後我就得開始上班了。

當時泰國的網路還不普及，她也沒有電腦。我們無法用 Skype 對話，打國際電話保持連繫也有困難——換言之，這一走就形同永別了。

回國那一天，我在飛往日本的飛機上，流下了悔恨的淚水。沒辦法跟自己心愛的人長相廝守，這種無力感實在太難受了。我再也不想嘗到這種痛苦了，我一定要有足夠的力量，跟自己心愛的人在一起。無論在世界的哪個角落，跟哪個國家的女孩交往，我都要有足夠的能力陪伴對方。下一次出國的時候，我絕對要培養出這樣的能力——

為什麼我會忘了這麼重要的事呢？

我躺在床上仰望藍天，想起了過往的情景，想起了昔日的戀人，還有那一段深深烙印在心中的感動，以及自己無力挽留這一切的悔恨。

對啊，我大學畢業後之所以繼續寫小說玩音樂，就是因為我相信這可以當成工作，做自己喜歡的事，還不用被企業和組織束縛。

生在日本這個國家，我還是想做一些不受國界限制的工作，擺脫企業和組織的支配。我要有足夠的經濟能力，在海外租一間自己的房子，跟喜歡的人一起生活，這才是我繼續寫小說玩音樂的目的啊！

現在的我放棄了音樂和小說，但飛向海外的夢想並沒有消失。那時候的悔恨，至今仍深埋在我的心中。

自殺未遂以後，我頭一次感受到心中爆發熱情的奔流。我心想，這就是我要的答案。

我想遨遊世界，跟心愛的人在一起，我要的是這樣的自由。我創業就是為了實現這樣的願望。

4 放棄半吊子的夢想

克服社交恐懼，帶著貝斯浪跡日本

就算害怕人群，也要上路

「總有一天，我要帶著貝斯環遊世界，靠寫小說維生。」

這是我在自殺未遂之前，一心想要實現的生活。

儘管我罹患憂鬱症放棄了夢想，但曾經認真追求的志向，沒有那麼容易忘懷。這種念念不忘夢想的心結，應該也不是我獨有。

相信大家都曾想過，如果當初採取了某些行動，說不定就有機會達成夢想。可是，在你面對全新的挑戰時，這種留戀和悔恨純粹是阻礙。

我認為半吊子的夢想還是放棄比較好。

你若真想成為音樂家、演藝人員、藝術家，那就替自己的未來負責，好好把握當下努力。至於半吊子的夢想，只不過是逃避現實的藉口。例如，有些人刻意休學一年，表面上說是要追逐演藝夢想，其實只是不想找工作罷了；也有人說自己要當音樂家，所以說服自己工作不用太認真沒關係。明明養活自己才是最重要的事情，這些人卻把夢想當成逃避的藉口。

我心裡也有類似的惰性，我總認為自己有一天會成為小說家和音樂家，沒必要學人家理財賺錢，而這樣的惰性，會影響到我今後往海外發展的動力。

因此我在正式創業前，要斷絕這種半吊子的夢想。

本來我的夢想是彈著貝斯環遊世界，在旅途中寫寫小說。現在我打算縮小夢想的規模，先從日本開始實踐。

幸好家中有台廂型車，半年後年限到期就要報廢了，我跟父親商借那台車子。父親也不多問我借車的目的，他看我願意振作起來嘗試新的挑戰，便欣然答應我的要求。

接著我每天專心練習貝斯，貝斯只是低音的輔助性樂器。光是拿一把貝斯演奏，也彈不出像樣的音樂，在路上賣藝也得不到關注。我打算用效果器（一種可以事先錄下自己要的音樂，然後放出來搭配現場演奏的器材）輔助，用這種方法才能吸引大家佇足聆聽。

比方說，先錄下貝斯彈奏的聲音，搭配和弦反覆演奏，再敲擊指板發出類似打擊樂器的聲音，最後配上旋律。這種方法在正式演出前得花一點時間準備，但用來搭配即興演出，光靠一把貝斯就能彈出完整的樂曲，有值得一試的樂趣。

我花了一個月的時間，才練出能在人前彈奏一首曲子的水準。不過，我已經決定即刻出發，否則再拖下去我的決心會動搖。下一首曲子在車裡或路上練習就好。反正我也不要求自己彈得多好，更不靠這種賣藝的方式賺錢。

我把食物、睡袋、換洗衣物、樂器塞進車子裡。至於汽車旅行的方法，我是跟伊波先生學的。這一趟我打算先北上到青森，再一路南下經過各縣政府所在地。

二〇一〇年十月，我開始浪跡日本。

手握方向盤的時候，我的身體還是一樣沉重疲倦，才開一個小時就快累壞了。我得沿路找地方休息，等休息好了再上路。每次開到繁華熱鬧的車站附近，我就會下車架設器材，在路上演奏貝斯。

我還是很害怕跟人接觸。

獨自站在人潮擁擠的路上，承受大家好奇的目光，我真的怕到差點吐出來。我沒辦法連續演奏好幾個小時，一個半小時就是我的極限了。

然而，為了踏出嶄新的那一步，我必須澈底斷絕自己曾經的夢想。我的夢想把我逼到憂鬱症和自殺未遂的地步，那種東西真的值得我賭上性命追求嗎？我想遨遊世界各地，跟自己心愛的人在一起，音樂和小說能否讓我獲得這種自由？如果不行，我希望自己果斷捨棄這些夢想。

「你帶著一把貝斯跑遍全日本啊？」

好奇觀賞我演出的人不在少數，過去我把自己關在房裡時，其他人對我來說只是恐懼的對象。不過，我在各地遇到的人都很和善，我在觀光勝地結識了親切的歐巴桑，

她們還送我水果和點心吃；也有搭我的順風車遊玩的歐洲年輕背包客；甚至還有好心的家庭收留我住宿吃飯。那些都是躺在家裡感受不到的經驗，我載著那些經驗繼續踏上旅途。

沒在街邊賣藝的時候，我就在副駕駛座上打開筆電寫小說。

小說的題材要多少有多少。我在青森的龍飛崎眺望過日本海壯闊的景色，也在飛驒高山見識過古色古香的街道，紀伊山地放眼望去盡是層巒疊嶂。我也曾經困在草津的雪地裡動彈不得，在十和田湖畔的露營，那股寧靜的美感令我陶醉不已。

這個世界充滿各種美麗的事物。

我面對世界美麗的色彩，不斷思考自己的將來。眼下，我有音樂和小說，以及自己過去嚮往的生活方式。我要的一切都有了，沒藉口再讓我逃避了。

而我終於領悟——光靠街邊賣藝的微薄收入，根本不足以遨遊世界，更別說要養活自己和心愛的人了。

・・・看清楚自己的夢想是不是「夢」一場

各位有沒有想過，自己的「夢想」其實只是一場「夢」？

過去我總認為，靠寫小說和玩音樂賺錢邊旅行，就是最理想的生活方式和夢想了。可是，實際嘗試過以後我才發現，街邊賣藝並不適合我這種性格內向的人，表演時的痛苦遠大於快樂。偏偏我又沒有足夠的魄力，把這份痛苦當成工作的一部份。在養不活自己的狀況下寫小說，也只會讓我感到焦躁又自卑而已。

這些問題都要實際試過才會瞭解，如果我沒有開著車子浪跡日本，大概一輩子都看不透問題的癥結，只會追逐不切實際的幻想，還自以為在憧憬夢想。

所以，一定要試著去實踐自己的夢想，哪怕實踐的規模再小都無所謂。

我在車上領悟了這個重要道理。

隔年二月，踏上旅途四個月後的某一天。

我行經和歌山到奈良的天際線公路時，車子在雪地上打滑。我心頭一驚，車子衝到擋雪的鐵柵欄上，撞出爆破般的衝擊力。放在後座的食物、睡袋、生活用品四處飛散，完全擋住了我的視線。等我明白自己出車禍時，引擎早就發出哀號停止運轉了。

我下車觀察車況，引擎蓋撞出了一個V字形，整台車看起來算是廢了。天際線公路上沒有其他車輛，四周安靜到好像所有生物都滅絕了一樣。天空倒是非常清澈湛藍，彷彿能看到外面的宇宙。不可思議的是，我竟然毫髮無傷。

車禍的衝擊似乎讓我頓悟了。

我決定走向世界，重新尋找可以在旅途中賺錢的工作。至於要用什麼方法達成目標，那並不重要。

從那一天起，我不再玩音樂和寫小說了。

5

用「理想」找出一生志業

到圖書館思考哪些工作能實現理想生活

一般人找工作，都是將自己的能力與工作內容比對是否相符，再來判斷適合與否。例如長年在餐飲業工作的人，也許適合拉業務或從事其他服務業。擅長電腦的人，也可以去ＩＴ產業或當系統工程師。至於能力不夠無法轉職的人，就乖乖留在原本的職場……總之，一般人通常都是用這種方式思考。

可是，我是用完全相反的方式選擇工作。

我不是考量自己能做什麼，而是先描繪自己理想的生活方式。然後再來反向推算，什麼工作能實現那種生活？

我罹患憂鬱症長期在家休養，之後又開車四處飄泊，根本沒有在社會上足以維生的能力。用既有能力來推算自己適合做什麼的話，我不可能有機會遨遊世界。

所以，我放棄先入為主的觀念，重新尋找能實現我理想生活的工作。

任性的條件：

結束旅程回到老家，我決定先弄清楚自己的狀況，還有自己嚮往的生活方式。

我拿了一本筆記，誠實寫下自己的現狀。

■我具備什麼能力？

我肯定沒有人脈，原本的工作我做到一半就跑了，以前的朋友也沒聯絡了。

特殊的技能和證照我也沒有，我只是喜歡寫文章，但沒受過文案寫作這類的專業訓練。

存款在旅行時也花了不少，只剩下二十萬元[2]。

2. 本書此處及之後出現的所有幣值皆為日幣，現行匯率為一日元約等於〇．二七元台幣。

反過來說，我也沒什麼好失去的。

■我的個性無法忍受什麼工作？

要培養客源或拉業務的工作我沒辦法，我也沒辦法在固定的場所跟同事一起工作。我清楚知道如果我又去做普通的工作一定會憂鬱症復發。

我只能做一些可以獨力完成的工作。

■我想要的工作和生活方式是什麼？

我要有遨遊世界的能力，以及在海外也能從事的工作。收入要租得起房子，還有餘力去語言學校進修。最好是一台電腦就能處理的工作，這樣只要有網路，我就可以在咖啡廳或任何地方工作。

這些條件未免太任性了，我自己都寫到笑出來。然而，這些都是不可或缺的重要條件，也是我嚮往的生活方式。

我去圖書館和書店尋找符合條件的工作，看有哪些人的工作很接近我的理想，找找看有沒有我不知道的職業。我盡量收集各行各業的資訊，放棄劃地自限的成見，不考慮自己擅不擅長或有沒有相關經驗。

在世界各地自由工作的職業，首先我想到用電腦等科技產品工作，不受場所和時間限制的「遊牧工作」。不過，有本事當「遊牧工作者」的人，大多是已經在職場上建立了豐富的人脈，擁有了不起的專業技能和經驗，這不是普通人說做就能做的職業。

到海外進口便宜的商品轉賣獲利，算是符合一邊旅行一邊工作的需求。不過，從事進口業要經常管理庫存，即便能常常前往海外旅遊，也稱不上是我想要的自由。

有些人則把自己的旅遊趣聞寫成遊記出版，但能否出版全憑運氣，算不上穩定的收入。到海外工作或打工度假也是一個選擇，但那純粹是換個國家工作而已，也不是我追求的理想生活。

總之，我每天到圖書館和書店，比對是否有和我的理想相符的工作。比對了將近一個月，找到符合我的需求的工作有三：

- **股票**
- **外匯**
- **聯盟行銷**

股票應該很好理解，也就是先預測哪一家公司的股價會上漲，然後買起來放的獲利模式。假設每股價格一百日元，事先購買一千股（十萬日元）好了。之後該公司業績成長，股價漲到每股兩百日元，那手頭持有的股票就等於二十萬日元，扣掉成本等於淨賺十萬日元。靠股票維生基本上就是在賺價差。

至於外匯，則是買賣美金或歐元之類的外國貨幣，從中謀取利潤。例如，在一美元兌換一百日元的時候，花十萬日元購買美元（等於一千美元）。等到一美元兌換一百一十日元的時候，再全部換成日元，那麼一千美元就變成十一萬日元了。換句話說，這是種透過「用日元買美元，等美元升值再賣掉」來獲得利潤的賺錢方式。

外匯的特色是，可以用有限資金進行好幾倍的槓桿操作。比方說你有一百萬日元，進行十倍的槓桿操作，那麼就能運用一千萬的部位。用較少的資金操作較大的部位，來提升獲利的水準，這就是外匯的賺法。

然而，玩股票要有一定的資本，外匯的風險又太大了。

用有限的資金進行槓桿操作固然是一大魅力，萬一匯率走向不如預期，失去手頭所有的資金不說，搞不好還會欠下一屁股債。在國外欠債那可就吃不了兜著走。

不用跟別人見面的信任銷售……

聯盟行銷則是架設網站，在網上販賣商品謀利的商業模式。

簡單說，酬勞是看成果決定的，跟績效制的工作是一樣的架構。一般績效制的工作，假設簽下一個客戶的酬勞是五千日元，那麼一天簽下五個客戶，就賺兩萬五千日元。相對的，沒簽到客戶就沒酬勞。

聯盟行銷也是一樣的道理，賣家可利用網站、部落格、電子雜誌等網路媒體，自由販賣特定的商品和服務。

要加入這一行販賣商品，得先登錄聯盟行銷的供貨企業，這些企業又稱為ＡＳＰ（應用服務提供商）。ＡＳＰ有提供各式各樣的商品，包括減肥產品、健康食品、手遊軟體、電子書等等，賣家可以自由批貨販賣。而且跟績效制的業務工作一樣，賣越多賺得就越多。當然，賣不出去的話就沒錢。

我會對這門生意感興趣，主要是整個買賣過程都在網路上進行。

賣家只要做個刺激買氣的網站，在網站上販賣商品就好，不用在現實世界拉客戶，跟其他人溝通交流。假如賣家成功做出一個月入十萬的拍賣網，再來只要定期維修網站就好，錢財就會自動進入口袋了。再者商品賣出去以後，銷售資訊會回傳到供應商那裡，出貨和客服都由供應商負責。我不用事先購入商品，承擔庫存過量的風險。

幹這一行只要有網路可用，我就能在旅途中賺錢了。就算到沒有網路的地方，事先做好的網站也會自動幫我賺錢。據說那些頂尖的賣家，月收入可達數百萬元。

我相信這份工作可以讓我在海外租房，跟自己喜歡的女孩子約會，兩個人一起過上快樂的生活。

沒有比聯盟行銷更好的選擇了。

我決定從事這一份工作。

時薪不到一元……

我上網搜尋聯盟行銷的各種必需品，經過多方比較之後，發現「手機聯盟行銷」是最簡單的類別。

手機的畫面比較小，不需要高超的網頁製作技術，也能做出像樣的網頁。尤其手機購物的風氣日漸普及，前景肯定大好。

我就在一知半解的情況下，花了三萬元購買手機聯盟行銷的用品，開始製作網頁。

想當然，第一個月完全沒收入。

第二個月也沒收入。

到了第三個月終於有收入了，但也才三百二十日元。雖然很感動總算賺到錢，但收益真是少到令我吃驚。

假設一天工作八小時，一個月工作二十五天，每個月總共是兩百小時。三個月就是六百小時，六百小時才賺到三百二十日元……。

「時薪才〇．五三元……」

換算下來，我的時薪連一元都不到。我似乎可以聽到自己的胃在抽搐，這衝擊大到我只能傻笑。

「你最近有在工作對吧？在做什麼啊？」

我整天窩在房間打電腦，不然就是泡在咖啡廳到晚上才回家，母親偶爾會問我在幹嘛。

「呃，就稍微弄點東西……」

我不敢告訴父母，自己在做一個莫名其妙的工作，時薪連一元都沒有。在拿出成果前，我決定保密。

「看你氣色不錯，身體也比以前健康多了，也該考慮一下將來囉。」

「是啊……」

我跑遍全日本，回到家又無所事事，父母還是對我很寬容。不過，他們的溫柔反而讓我過意不去。身體都已經恢復健康了，我知道自己不能一直待在家裡。

不明白何謂「工作」

我辭去工作已經一年了。

外出旅行的那一段時間我有跟別人接觸，但回家以後我又孤身一人，每天都孤伶伶地坐在電腦前面。

我依舊沒跟朋友聯絡，賺不到錢的苦惱和沒有成果的焦躁，都得一個人往肚裡吞。

「我跟你說，男人要工作才能找到方向，要工作才能得到一些東西。」

我想起了伊波先生的訓示，男人必須工作幹活才行。問題是，我早已想不起來工作是什麼感覺。沒有成果的工作，真的算得上工作嗎？我該不會只是整天在玩電腦吧？

內心有疑問，就會產生焦慮。

都二十四歲了還賴在家裡，連賺一元時薪的本事都沒有。

開口閉口都是不切實際的夢話，卻沒有一項可以創造實際利益的技能。

聯盟行銷這行，可以在管理畫面上看到自己每天的酬勞。前天是０元，昨天也是０元，今天還是０元。

每次看到０這個數字，我就深切感受到自己的無力。

從早到晚不跟任何人說話，每天被迫認清自己一事無成的現實。這種生活過了四個月，也差不多到極限了。

如果不改變，繼續做同樣的事情，也只會迎來同樣的下場。

整天把自己關在家裡，永遠不會有任何改變。我的工作感覺已經退化了，我得重新找回那份感覺才行。

二〇一一年六月，我罹患憂鬱症也快滿一年了。

我決定再一次出社會工作。

6

找回「工作感」

住在與世隔絕的離島，跟九州好漢一起工作

我罹患憂鬱症，跟社會脫節了一年時間。這一年來，我徹底遺忘工作的感覺了。跟同事溝通的方法、跟上司報告的講話方式、講電話的應對進退、交換名片的禮儀、在期限內完成工作的技巧等等，我都忘光了。我甚至很懷疑自己以前是怎麼辦到的？

過去在社會上工作的時候，我成天想著要獲得自由。等到真的無拘無束，我卻不曉得該如何安排自己的生活。

若沒有公司和雇主強迫我們工作，規定我們在一定的期限內交差，我想也沒有人會認真工作，更不可能過上規律的生活。工作沒有人看管就容易偷懶，況且那到底算不算工作，也只有自己知道。因此，我決定重新找回工作的感覺。

被公司管理時間，完成上司交代的工作，擔起拿錢辦事該負的責任，我想再一次建立這種基礎。

我要找一份正當的工作，過上規律的生活，但光用想的不會有任何改變。尤其我家人總是默默地包容我，若是待在家裡我永遠無法離開舒適圈。

我認為要強迫自己改變環境才行。我要離開老家，改變生活環境，到一個自己完全沒接觸過的世界生活。我要遠離親朋好友，到一個只有自己可以依賴的世界。到了那樣的環境，我才能逼迫自己自立自強。

∴「OJ是什麼鬼?!」

「你他媽的再混一點沒關係啊啊啊啊啊！」

我把餐具送回廚房時，看到主廚破口大罵，一腳踢向手下的廚師。

「你再亂搞一次，我就再踹你一腳！」

「是！真的非常抱歉！」

我看得目瞪口呆，不小心停下手邊的工作，外場經理叫我趕快把菜端過去。最令我驚訝的不是主廚踹人，而是大家看到之後依然若無其事地繼續幹活，彷彿那是稀鬆平常的事情一樣，九州人的韌性超乎我的想像。我大聲回應外場經理的呼喚，急忙端起供餐台上的生魚片套餐，跑到外場替客人上菜。

再次決定出社會以後，又過了三個禮拜。

我來到福岡的志賀島，在某家旅館擔任服務生。找離家近的工作算不上改變環境，但我又沒有足夠的資金在外獨居。於是，我想到了「包吃包住」的工作。

應徵包吃包住的工作，我可以同時展開新生活和新工作，又不必花任何費用。與其找一些不上不下的兼差來做，這種活賺得還比較多。我上網搜尋包吃住和打工等關鍵字，看到一個很吸引我的字眼。

「觀光勝地打工」

仔細一看，那是寒暑假期才有的工作，應徵者能到全日本的各家旅館服務。大多數旅館都有包吃住，制服也不用自己準備，繁忙期的時薪也相當不錯。

我一直以為只有工地或工廠的粗活，才有包吃包住的福利，所以這份工作帶給我很大的衝擊。我興奮地填妥面試申請表，想不到害怕與人接觸的我，也會如此積極。

面試是我最沒自信的環節，我獨自一人去卡拉ＯＫ練習表情和發聲技巧，盡可能裝出開朗的模樣。之前我整天躲在家裡打電腦，連發聲的方法都忘了。

人力銀行的面試相當順利，或許是旅館很缺人的關係吧，我當場就通過面試了。兩個禮拜以後，我就被送到福岡的旅館，那裡是我挑選的第一志願。

旅館的餐廳大到能舉辦一場小型運動會。大小不一的餐桌等距排列，桌上鋪有淡粉色和白色的蕾絲桌巾。從整片落地窗看出去，可以看到波光粼粼的玄界灘，以及色彩鮮明的夏季藍天。

不過，我沒有那個閒功夫欣賞美景。

白天的菜單多半是套餐，用當地魚類調理的海鮮蓋飯、天婦羅蓋飯、生魚片蓋飯是旅客的最愛。此外，海水浴場離旅館不遠，來用餐的人潮一刻也沒間斷。

夜晚採自助餐的形式，餐廳中央擺有三十種以上的料理。旅客擠到中央取餐的光景，儼然就是可怕的戰場。服務生要收走客人用過的餐盤、整理餐桌上的杯盤狼藉、帶領下一組客人入座、逐一處理堆積如山的飲料訂單、清理小孩子打翻的餐點、補充見底的料理、準備特別海鮮料理的訂單、耐心回覆長輩的問題等等……。一下被丟到這種兵荒馬亂的戰場上，我完全不曉得工作的方法和流程，只能手忙腳亂地模仿其他人的作法。

「請問ＯＪ是什麼東西？！」

「就是柳橙汁（Orange Juice）的縮寫！知道怎麼調嗎？」

「抱歉不知道！」

「那我來！」

「不好意思麻煩了！」

「請問十八桌是在那裡嗎？」
「不是！那邊跟那邊是相連的，兩張一起算十六桌，十八桌在左邊！」
「明白了，謝謝！」

所有廚房員工都是九州硬漢，我被分發到的餐廳大多是女性職員，而且年齡都比我小。我知道工作能力與年齡無關，但凡事都要請教年紀比自己小的女孩子，終究是件丟臉的事。晚上九點客人離開後，我們還要整理餐具、洗東西、擺設餐桌、拖地、準備隔天的早餐等等。

全部做完也超過晚上十點了，我就跟剛出生的小鹿一樣，累到雙腿都在發抖，連走路都有困難。

太過耀眼的「樂園」

員工宿舍在旅館的後方，走山路往來的路程大概要五分鐘，年輕的正職員工和派遣員工幾乎都住在那裡。

房間是三坪大的木板雅房。室內有床鋪、冰箱、電視、空調，衣櫃裡掛有三套制服。除了生活必需品什麼也沒有，純粹是給短期留宿人員使用的簡易雅房。衛浴設備是共用的，盥洗室有兩台洗衣機和兩台烘乾機，無時無刻都有人在使用。

房間的天花板和牆壁很薄，四面八方都會傳來其他員工聊天的聲音。不過，有排班的日子我總是精疲力盡，一回到房間就澈底睡死，因此也不在意噪音。

我在老家和汽車裡窩了一年以上，突然跟豪爽的九州人生活在一起，處理自己完全不熟悉的工作，而且地點還是無處可逃的離島，光是生活我就必須拚盡全力。

有憂鬱症又怎麼樣？我忙得連說喪氣話的時間都沒有。

到了中午和晚上，休息室的大嬸會煮飯給我們吃。通常都是等工作時間結束才用餐，用完餐就先回房休息，等晚上再去旅館工作。晚餐都是等到晚上十點過後，所有工作都做完才吃。

「今天B班的工作很輕鬆……不過這附近啥都沒有，我還寧可忙一點呢。」

到了用餐的時間，休息室就是我們派遣員工愉快聊天的地方。我不太擅長跟年紀比較小的正職員工相處，因此也沒什麼話題可聊，但我跟其他派遣員工就能輕鬆聊開。

「是啊……這邊什麼都沒有，空閒時間也沒事可幹。」

「沒錯沒錯，忙得要死不活當然也不好啦，但沒工作更痛苦啊。我上個工作也滿閒的，都沒排到什麼班，也賺不到幾個錢。」

「你常到不同的地方工作嗎？」

「是啊，之前在輕井澤，幹完就來這裡了。」

「這裡的工作是不是特別忙？」

「嗯～長假期間每個地方都差不多忙啦。不過，對男人來說這個職場不錯吧？」

「怎麼說呢？」

「年輕美眉很多啊，最年輕的正職員工才十八歲不是嗎？」

我要是懂得跟年輕女孩相處，就不會當家裡蹲了。

島上連家便利商店都沒有，只有白色的沙灘和一碧如洗的大海，外加鮮明的藍天而已。博多是離這裡最近的繁華市區，但去博多要轉搭巴士、電車、渡輪，少說也得花上一個小時。這裡只有想游泳的人才會來，說是孤島可一點也不誇張。

旅館前的沙灘是福岡知名的海水浴景點，八月過後沙灘上會立起五顏六色的大傘，人聲鼎沸十分熱鬧。

在美麗的盛夏藍天下，聽著人群玩水的嘻鬧聲，觀賞沙灘上的泳裝美女——這簡直就是一個耀眼的樂園。

憂鬱症和社交恐懼的激進療法

前面也提過，我來這裡主要是想找回「工作」的感覺。

憂鬱症腐蝕了我的性格，我要重新矯正自己，治好社交恐懼的毛病。

在老家附近工作的話，我很有可能躲回家當一隻米蟲。反過來說，去做包吃包住的工作，住在員工宿舍裡逼得我不得不跟別人交流。

依我看，人之所以會變成家裡蹲，主要是有可供躲藏的環境造成的。有家可躲，有飯可吃，這種不用外出就能存活的環境，才是越來越封閉的主因。一旦失去這樣的環境，孑然一身來到社會上，我認為這是強迫家裡蹲自立的唯一方法。

沒有人能依靠，只剩下自己，就得拚命工作謀生了。這份危機意識，讓我忘了自己有憂鬱症。

夜晚一踏上餐廳忙亂的戰場，除了拚命幹活以外沒有其它選擇，敢說喪氣話的話隨時都有可能被踹。在沉重的工作和渾身酸痛的壓力下，想要依賴別人的惰性早就蕩然無存。

工作再怎麼累，只要打完卡一切就結束了。每天生活都很單純，晚上睡到不醒人事，隔天起來再繼續工作。

這種「只有工作」的單純生活，我甚至覺得很愉快。**比起來，迷失自己的方向，對人生不抱期望，每天漫無目的躺在床上看天花板的人生痛苦多了**。

那一陣子我躺到皮膚潰爛，害怕自己再也無法重新振作，最後被眾人遺忘孤獨終老。在那個沉悶狹窄的空間裡，沒有人聽到我獨自啜泣——跟那一段虛擲光陰的時間相比，肉體勞動實在太美好了。

工作時段結束後，我在回房前會先去海邊。

夜晚的海灘很安靜，偶爾才會遇到散步的遊客，或是拿著仙女棒的家族。夜風微涼的白色沙灘，高掛夏季大三角的夜空，還有拍打沙灘的寧靜波濤聲，都由我一個人獨享。

「跟你說，男人要工作才能找到方向，要工作才能得到一些東西。」

我想起了伊波先生的教誨。我不曉得自己在這裡能找到或得到什麼，但我的人生確實往前進了。

罹患憂鬱症後交到的新朋友・・・

員工宿舍裡有各式各樣的人，我唯一聊得來的對象是長谷川。

他二十五歲，大我一歲。我搬入宿舍的隔天，他也入住我隔壁的房間，算是我的同梯戰友。

「去年我還待在澳洲，去農場度假打工。」

他的眼眸跟少年一樣靈動活潑，茶色的頭髮柔順光滑，是個笑起來很有親和力的青年。飽經鍛鍊的體格短小精幹，配上黝黑的膚色，一看就有種旅人的氣息。

「我很喜歡大自然，住在寬闊的農場裡，跟各國人一起工作很有趣喔。假日大家一起租車去山上健行烤肉，我在那裡待了半年，真的完全不會膩。我用賺來的錢旅行登山。」

「登山？」

「沒錯，登山。我很喜歡登山，這個週末我也打算去登山。」

長谷川拿出 iPad 給我看登山照片。照片中，他跟外國朋友一起爬上地勢險峻的山巔，一臉驕傲的神情。

「我一直在做這種包吃包住的工作，用賺來的錢跑去登山，然後繼續工作賺錢。」

「這次工作結束，你又要去旅行嗎？」

「嗯，我想去尼泊爾那一帶旅遊。趁二十幾歲還年輕的時候，順從自己的渴望自由生活。阪仔啊，你存夠錢也要出國嗎？」

「還沒有這個打算，我今年開始從事網路相關的工作，可惜不太順利。等存夠資金我要再嘗試一次，有賺到錢再計劃出國吧。」

「你是打算一邊旅行，一邊靠網路賺錢囉？」

「嗯，我想做那種靠網路就能在各地賺錢的工作。在國外的旅館或咖啡廳工作，挺愜意的不是嗎？」

「是啊，感覺不錯呢。」長谷川溫柔地笑著說，「我是不太懂網路啦，加油啊。」

長谷川負責櫃台勤務，上班時間我們很少碰面，但休息時間或假日重疊的時候，我們會到對方的房間聊天，偶爾在浴室碰面也會聊幾句。

我都不記得自己有多久沒跟同輩輕鬆聊天了，他是我罹患憂鬱症以後，第一個交到的好朋友。

・・・・

截然不同的十八歲

放假的日子我經常到博多。

到大都市很花時間和金錢，但我還是想呼吸一下外面的空氣。另外，我的網路設備在志賀島無法使用，只能去大都市更新我的網頁，並把我在工作時想到的點子付諸實行。

有一天，我搭上旅館接駁車前往最近的車站，剛好遇到同樣在餐廳工作的岩本前輩。我們一對上眼，岩本前輩就溫柔地跟我打招呼。

「妳好，前輩今天放假嗎？」

「是啊，難得放假呢。」岩本前輩笑得很開懷，「放假好歹要到外面透透氣嘛。」

岩本前輩的臉龐有種柔和的氣息，跟亞洲的少數民族有點像，我個人對她很有好感。她穿便服的形象跟平常穿制服上班時不太一樣，看起來就像一個普通的年輕女孩。

「工作習慣了嗎？」

「是，差不多都習慣了。」

「夏天很忙碌呢，尤其是盂蘭盆節[3]的時候。」

「那時候特別忙嗎？」

「很忙喔，簡直就是戰場。」

每一個員工都說盂蘭盆節忙死人不償命。

「現在就已經很忙了……我們這邊又沒有比較資深的正職員工。」

「大家都是年輕人嘛。」

「岩本前輩，我記得妳年紀比我還小對吧？」

「我今年二十一歲。」

「妳做這份工作幾年了呢？」

「高中畢業就做了……已經三年了，真快呢。」

語畢，岩本前輩露出了複雜的笑容。「不過，我就要辭職了。」

「咦，前輩要辭職了？」

「是啊。」岩本前輩比了一個YEAH的手勢。

「是要轉換跑道嗎？」

3. 日本的傳統節日，類似於華人的中元節。企業、公司一般都會放假一週左右，稱為「盆休」。

「沒有，我要結婚了。」

「喔喔，恭喜前輩！」

「謝謝你喔……呵呵。」

聽說她有一個從高中就交往的男友，兩人已經在一起五年了。這陣子，雙方要去拜會彼此的父母，商量婚姻大事。我一聽到這個消息，心裡有點失落。

「大家都好成熟喔。我高中畢業就去念大學，你們年紀輕輕已經在工作了，我卻整天過得悠哉悠哉，只知道打工和參加社團活動。」

「啊啊……你說的感覺我懂。我周圍有一些朋友也有人念大學，偶爾大家相約碰面，也沒什麼話題可聊，感覺他們都活的渾渾噩噩。」

「是這樣沒錯。十八歲開始工作，二十一歲就結婚，這是我從來沒想過的人生。」

在我的印象中，二十多歲的年輕女孩有一種光輝閃耀的氣息。她們還不用擔心工作和生計的問題，只要把自己打扮得漂漂亮亮，稍微打工存點零用錢，翹課不要翹到被當就好，剩下的時間就參加社團活動，努力交朋友或戀人——我理所當然的以為她們過得都是這種生活。

我以前念的高中，有九成的學生選擇升學，而我就讀的又是升學班，我和周遭的同學都沒有思考過工作這件事。之後就讀的大學位在東京池袋的繁華區，學生之間也瀰漫著「不玩就是損失」的氛圍。

而今，我在這裡認識的二十多歲女孩們，過的都是腳踏實地的生活，跟醉生夢死的人生無緣。她們努力工作謀生，跟自己的伴侶一起走下去。她們在社會上打滾所鍛鍊出來的韌性，是我這種弱不禁風的傢伙所不具備的品質。

岩本前輩的男友目前在茨城工作，等他們結婚以後，她就要搬到那邊生活了。

「離開福岡不寂寞嗎？」

「多少會啦，不過。」岩本前輩看著窗外的大海說，「在島上待久了，也該看一看外面的世界了。」

「你的問題其實沒那麼嚴重。」

時光回溯到一年多以前，二〇一〇年五月，那時候我還沒臥病在床。我一時興起自殺的念頭，漫無目的在大阪街頭徘徊。

想死卻又不敢死的懦弱，以及丟下工作的愧疚，讓我再也經不起良心的苛責。兩天後，我抱著祈求寬恕的心情，衝到電話亭打給非政府組織的局長。一聽到電話中熟悉的聲音，我當場哭了，壓抑已久的情緒瞬間崩潰。

我告訴局長，現在的職場我再也待不下去了。

我沒辦法欺騙自己，繼續過這種生活。

局長默默聆聽我任性的自白，然後以溫柔的口吻勸慰我說。

「你的問題其實沒那麼嚴重。」

局長告訴我，要是我真的做不下去了，辭職不幹也沒關係。反正工作總會有人來做，事業也會繼續經營下去。如果我真的受不了工作壓力，辭掉工作逃離那個環境也無所謂。

我痛哭流涕，聽著局長對我的寬恕。

那一刻我終於明白，那種被工作束縛的壓迫感，以及不能逃避的閉塞感，其實都是我作繭自縛。**人生是屬於自己的，我們手上一直都有「辭職不幹」的選項。**

確實，為了生存我們不得不工作。

不過，要在哪裡從事什麼樣的工作，選擇權在我們自己手上。當然，個人際遇、能力、生活環境會限制這些選項，但要做什麼工作、過什麼生活是可以自由決定的。

這座小島很美，有純白的沙灘、碧波萬頃的大海、湛藍清澈的天空，但我越熟悉這份美麗，就越想到外面去見識寬廣的世界。

高薪卻不自由的工作

包括我原本的存款，我預計靠這份包吃包住的工作存到五十萬。有五十萬的資金就暫時不必擔心生活費了，離開這裡以後，我要趁這筆資金用完之前，習得用網路賺錢的方法。

來打工之前，我的存款只有十萬。連續工作一個月，我省吃儉用賺到將近二十萬。連續工作兩個月，我大概可以存到五十六萬。因此，我沒有延長派遣時間，決定在八月三十一日暑期結束時離開。

當時我已經很熟悉工作內容了，工作時間稍長一點，我的小腿和腳底也不會痛了。一開始我很怕跟九州人相處，突發狀況也不曉得該怎麼處理，現在我會主動帶客人入座，廚房的前輩也會請我吃飯，我對自己的工作能力有信心，在職場上也有一席之地了。

然而，我卻開始害怕離開後的生活。

離開後就沒有工作和薪水了，我也不敢保證自己一定賺得到生活費。不會再有前輩好心叮嚀我，也不會有知心好友陪我談天了。一天二十四小時，所有時間都要靠自己來管理，我害怕又過上那種混吃等死的軟爛生活。

這世界上有兩種賺錢方法，領別人的薪水，或是靠自己的本事賺錢。

前者等於是出售自己的時間，完成老闆交代的業務，對企業做出貢獻，然後每個月獲得薪水作為回報，這種系統會帶給我們安心感。

不過，這也代表我們將經濟的決定權拱手讓給企業和雇主，一旦離開就會喪失收入來源。拿到的薪水再高，也稱不上真正的「自由」。

想獲得真正的自由，就要靠自己的本事賺錢。至於能賺多少？要靠什麼來賺？未來的生活會變什麼樣？一切都要靠自己決定，責任也全部自負。這當然有失敗的風險，但不敢承擔風險就得不到真正的「自由」。

八月三十一日，在福岡的最後一天。

工作結束後，我泡在旅館的溫泉裡，眺望一片漆黑的玄界灘。長谷川也來了，今天也是他的最後一天，他的神情顯得開朗又快活。

「辛苦啦。」

「你也辛苦了。」

「你看起來很開心呢。」

「你也是啊。」

「哈哈哈。」

我對旅館的工作沒有留戀，但和好友分道揚鑣還是挺寂寞的。

「阪仔，你接下來要做什麼？」

「我要去大阪。」

「大阪？為什麼？」

「大阪有些地方的房租很便宜……。我想住在那裡，幹一番事業。」

「你要住大阪的哪裡？」

我說出地名，長谷川說他有聽過那裡，除此之外他沒多說什麼。

「你要做網路工作對吧？加油嘿。」

「嗯，我會加油的。等賺到錢，我會再當一個旅人。」

「這樣啊。」

「你呢？」我問長谷川。

「我要去尼泊爾爬山。」

「爬聖母峰？」

「聖母峰不是說去就能去的啦。那裡有不少山脈可爬，還有登山健行活動，我機票都訂好了。」

「你什麼時候出發？」

「半個月後。」

「喔喔，真快呢。回來以後又要打工嗎？」

「應該吧，到時候我會再回旅館工作，等錢存夠再去海外爬山……不過，那應該是我的最後一次旅行了。」

「為什麼？」

「我是想趁年輕的時候多體驗自由啦，但這種生活頂多持續到二十六歲，三十歲以後很難找到像樣的工作，我也差不多到極限了。」

長谷川的這段話，我聽了也感同身受。

「阪仔，你明天要去博多對吧，決定好要住哪了嗎？」

「還沒耶。」

「那來我家住吧。」

「可以嗎？」

「當然啊，來我家吃咖哩吧，我媽煮的咖哩很好吃喔。」

長谷川開朗的笑容，撫慰了我疲憊的身心，隔天早上我就離開旅館了。

其實我不確定在志賀島工作，有沒有找回「工作的感覺」。

不過，這兩個月來我融入社會，沒有依賴其他人。**我發現自己也是有能力工作的，這帶給我很大的信心，以前的我絕對沒有這樣的自信。**

離開福岡的兩個月後，我接到了長谷川的聯絡。他去尼泊爾爬山，回國後跟女友同居，正在名古屋的修車廠上班。

「阪仔，你過得如何啊？」

那時候的我，生活正陷入困境。

PART III

金盆洗手的江湖兄弟教我工作意義

7

斷絕退路

在龍蛇雜處之地被逼到極限，克服憂鬱症

各位覺得罹患憂鬱症的人，什麼時候才會真正克服憂鬱症？是回歸社會的時候？還是找到目標的時候？

以我個人來說，其實我離開志賀島以後，心中的抑鬱和疙瘩並沒有完全消失。我對工作有了信心，但害怕與人接觸的毛病依舊沒變。離開熟悉的旅館，開始過上新生活的那一刻，我覺得一切好像又要從頭來過了。

這世上有許多克服憂鬱症的方法，有介紹憂鬱症的病因和治療方法的書籍，也有知名人士撰寫抗憂鬱的心路歷程，還有一些教人突破自我極限的啟蒙書和座談會。

不過我個人認為，以為光靠別人的思維和方法就能治好憂鬱症的人，根本不會把憂鬱症當一回事。

羅患憂鬱症後，對一切事物的看法會變得悲觀又負面。整個人會莫名其妙消沉，最後產生想死的衝動。

於是，我決定斷絕自己的退路，激發出求生的欲望。

我家是常見的中產階級家庭，從小到大我沒經歷過貧困生活。父母供我念私立的國中、高中、大學，甚至還讓我去補習和學才藝。雖然我沒辦法恣意滿足物慾，但這二十四年來我從沒感受過經濟拮据。我想，當今日本應該很多人都跟我一樣。

反過來說，或許是因為我過著「把花錢視為理所當然」的生活，才會有尋死的念頭吧。要是我真的被逼到「不努力求生就會死」的絕境，我還會有想死的念頭嗎？

所以，我決定在物質生活上逼迫自己，而不是在精神上逼迫自己。簡單說，我要讓自己處在食衣住行都有困難的環境下。不努力求生就會餓死——在這種狀況下，我一定沒有多餘的心力思考求生以外的事情。

然而，這個實驗比我想像的更加殘酷。

孤身前往貧民區，從零開始⋯⋯

「小哥，有沒有興趣來幫我工作？」

這句話我不曉得聽過幾次了，我一個人走在戶外時，常有騎著自行車的大叔找上我，露出一副陰森猥瑣的笑容，一看就不是善類。

「小哥，你沒工作對吧？生活過得很辛苦吼？」

「不⋯⋯我、我有工作。」

「不用逞強啦，我有好工作介紹給你。」

這種甜言蜜語聽多了，真的會心動。我嘴上說自己有工作，但我不敢抬頭挺胸說那是真正的工作。賺不了錢的工作，稱得上「工作」嗎？有時候我會想，與其總是賺不了錢，不如做一些有賺頭的工作，哪怕承擔一點風險也無所謂⋯⋯。

我快步甩開那位大叔，大叔仍不死心，他說我若是改變心意了，隨時可以去找他。我膽戰心驚地趕回自己的公寓。

在福岡跟長谷川告別後，我搭乘渡輪穿越瀨戶內海，抵達了大阪灣。

二〇一一年九月五日，熱帶低氣壓剛通過大阪，當地的氣候不太穩定，我靠岸的時候天上還下著小雨。

我的行李只有一個背包，手頭資金也只有打工存下的五十六萬。我在大阪舉目無親，也沒有具體的住宿方案，甚至連自己能否靠網路賺錢都是未知數。

我有的，只是一個覺悟。

「我要住在愛鄰地區，在我有能力出國工作以前，絕對不會離開。」

前面也提過，我曾經開著車浪跡日本，七個月前在和歌山發生車禍。我返回千葉的前一晚，就是在大阪度過的。

我上網搜索「大阪」和「便宜住所」等關鍵字，找到難以置信的便宜旅館。一晚一千日元、一晚一千兩百日元、一晚一千五百日元……。這種價錢的旅館都開在新今宮車站和動物園車站的附近。

——是怎樣？這真的是日本的物價嗎？

實際去那裡生活以後，我才知道那裡是勞動階級生活的街道，稱為「愛鄰地區」[4]。房間大約一點五坪大小，裡面只有棉被和榻榻米，設備相當簡陋。外面有不少超市和便當店，賣的東西都是便宜又大碗。路上隨處可見一些像街友的大叔。

——經濟上有困難的話，也許可以跑來這裡生活。

當我走在充滿汗臭味和尿騷味的街上時，內心卻意外有種期待感。

這裡的房屋租金便宜，生活費也不貴。最重要的是，每一個擦身而過的行人，他們似乎也都背負著某些重擔，對我這種無法融入社會的人來說，這裡的氣息卻讓我感到親切。

我在志賀島工作的時候，就已經決定要住在愛鄰地區，不回千葉的老家了。一個資金有限又沒有工作的傢伙，想要到新的城市展開新生活——除此之外別無選擇了。

……直接上門找落腳之處

來到新今宮車站，大馬路旁和小巷弄裡有一大堆DOYA（簡易住宿設施）。把日文的宿舍一詞倒過來唸就是「DOYA」，通常用來稱呼臨時勞工生活的地方。馬路上也有不少看板，上面寫著「一晚一千日元」、「歡迎長期居留」、「免保證人」等字樣。

從大馬路拐個彎進入巷弄裡，我找到一家便宜的公寓。看板上標示「一晚一千兩百日元」，玄關前的地板是濕的，或許有人剛掃灑過吧。跟其他公寓相比，似乎比較沒什麼門檻。

「不好意思，我想找可以長期留宿的地方……」

4. 舊名「釜ヶ崎」，位於日本大阪西成區北邊。此區長年聚集大量沒有固定住所的日雇型勞工、低收入者、街友等，曾被認為是日本治安最差的地區。由於其低廉的住宿費用，近年來成為外國年輕背包客的熱門住宿選擇。

我走進玄關，探頭張望櫃台的小窗口。一位大叔正在看電視上的賽馬轉播，用的還是小型的映像管電視。他看我的眼神就像看到什麼很稀奇的事物。

「我想住三到四個月左右。」

「喔喔，沒問題啊。」

大叔的回答也很乾脆。

「請問租金怎麼算呢？」

「一天一千兩百日元，要日付或月付都無所謂。」

「我想先看看房間……方便嗎？」

「沒問題，沒問題。」

大叔帶我到最上層的八樓。

走廊兩旁有很多房間，房號分別是八〇一、八〇二……依此類推。盡頭通往太平梯的門是開著的，有一絲昏暗的光線照進來。

「就是這裡。」

大叔帶我到八〇七號房，是邊間的格局。

打開薄薄的房門一看，裡面是一點五坪大的榻榻米房間。如果我要體驗一切從簡的「極貧生活」，這種簡約的房間很符合我的需求。

榻榻米上放著一床薄棉被，光是棉被就佔了三分之二的空間。白色的牆壁髒兮兮的，到處都有香菸薰過的痕跡。

房間的西面有一扇小窗戶，那裡也有光線照進來。四周沒有八樓以上的建築物，採光比我想像的還要好。

小窗的左下角有一台小冰箱，對面靠近房門邊的位置，放著一個矮櫃，矮櫃上有過時的映像管電視。天花板上裝有老舊的空調，老到我都分不清是哪個型號的機種。大叔打開空調的開關，發出運轉聲的空調送出了潮濕的暖風。

「房間差不多是這樣啦。」大叔雲淡風輕地說道。

「廁所和盥洗室是共用的，每一層樓都有一間，七樓還有廚房。自己煮飯的人不多，你有需要就用吧。浴室在一樓，晚上六點到十一點可以自由使用。」

「請問水電怎麼算？」

「租金包水電，冷暖氣隨你用沒關係，外出的時候記得關掉，畢竟這個時期的電費很嚇人嘛。」大叔語重心長地嘆道。

「啊啊，還有掃除。你事先講的話我會幫你打掃，有需要就來櫃台找我。打掃時間是上午到中午過後，你跟我指定一個時間，我就進來幫你打掃。」

我本來打算去看看其他地方，但應該找不到比這裡更好的房間了。這裡採光良好，而且又是邊間格局，我滿喜歡的。

「我要租這裡。」我對大叔說。

「這樣啊，好喔。」

「租長期有折扣嗎？」

「沒有喔。」

我們回到櫃台，我直接先付清一個月的房租，三萬六千元。不用我提醒，大叔就寫好收據蓋好印章交給我了。

「承蒙關照了。」我跟大叔點頭致意，回到了八樓的房間。

在打開行李之前，我決定先去頂樓看看。

我穿過走廊盡頭的安全門，爬上通往頂樓的螺旋階梯。走不到十秒，我就打開了頂樓的大門——但我站在門口沒有馬上進去。

頂樓有拉起繩索，住戶洗好的衣物就掛在上面吹著暖風。隨風飄揚的衣物底下，有位半裸的大叔舒服地躺在墊子上。

那位大叔身體曬得黝黑，腦袋理著和尚頭，感覺像是做工的人。他的頭髮禿了一半，還夾雜了些許白髮，唯獨身體鍛鍊得很結實，外貌看起來挺年輕。右邊肩膀上的刺青看得出歲月的痕跡。我大步走上階梯，大叔也發現我的到來。

「你好。」

「喔喔，你好啊。」

「天氣不錯呢。」

看到大叔曬太陽，我聊天氣來當開場白。

「小兄弟，你打哪來啊？」

「我來自千葉。」

「這樣啊。」

「這幾個月請多多關照了。」

「好喔。」

大叔慵懶地瞇起眼睛，也沒說什麼。他的外觀看上去挺嚇人，語氣倒是很溫和。

「需要洗衣夾嗎？」

「咦？」洗衣夾？

「這裡有，你隨便用吧。」

大叔抬起下巴示意上方，頂樓拉起的繩索上頭，有大小各異的洗衣夾。

「大叔，那些是你的洗衣夾嗎？」

「不是啊。」

「還是公寓管理員的？」

「我也不知道。」

「……那我就心懷感激地用了。」

「你就用吧。」

語畢，大叔閉起眼睛繼續睡午覺。

一開始我的注意力都放在大叔身上，沒有看清楚柵欄外的景色。現在放眼望去，我感受到胸口一陣澎湃。

站在八層高的頂樓，可以看到新今宮區域建築物不高的街景，還有以通天閣為地標的新世界商業區的壅塞景觀。

樸實無華的灰色街區，在天空下綿延不絕。聳立遠方的通天閣，散發出與眾不同的傲然風采。

從高處俯瞰底下的風景，一股夾雜著不安和亢奮的熱情湧上心頭。

「在這裡，或許一切都會一帆風順吧。」

儘管附近的治安不好，房間也只有一點五坪大小，但走近天空只要十秒。其他的不安要素暫且不提，至少我跨越了第一道難關，找到自己的據點，可以稍微喘口氣了。

在愛鄰地區定下三條原則……

我決定靠「聯盟行銷」賺取旅費，已經有半年之久了。

剛搬到愛鄰地區時，我的月收入連一萬都不到。我去福岡前做的手機網頁，還有嵌入Google AdSense[5]廣告程式的資訊網站，多少有一些收益，但不足以維生。

我決定在愛鄰地區發展後，替自己定了三條原則。

一、只靠手機網頁的聯盟行銷賺錢，不分心做其他事情。

二、每個月最少要賺十萬。

三、不要太相信自己的腦袋。

首先來談談第一條原則，「只靠手機網頁的聯盟行銷賺錢」。

由於手機網頁賺得實在太少，我去福岡以前，還試了其他的網路賺錢手法。結果我被一些聳動的廣報標語欺騙，有些還標榜可以月入三十萬，因此我買下不少騙人的商品，浪費了寶貴的存款。

經過深切反省後，我決定把所有心力放在「手機網頁」製作上，不做其他選項。

再來是第二條原則，「每個月最少要賺十萬」。

大學時代我曾經遊歷東南亞，我很清楚只要有月入十萬的能力，就可以搬到泰國或越南等國家生活了。每個月能賺到十萬的話，我就要先出國，等到東南亞再繼續工作就好。我要到生活費低廉的國家，在那裡增加自己的收入，掌握遨遊世界的經濟能力。

5. 由 Google 提供的廣告投放平台，可以在個人網站、部落格或 Youtube 頻道置入廣告，依點擊和曝光來賺取廣告分潤。

最後一條原則，「不要太相信自己的腦袋」。

我對經商完全沒有頭緒，只是有一顆想創業的心而已。過去我只顧追逐浮誇的夢想，一下子轉換跑道經商是不可能馬上成功的。

我相信自己，但不相信自己的主觀和成見，我要找到值得信賴的人和方法，繼續貫徹這樣的創業之道。

至於出國的日期，就訂在隔年的四月一日，也就是七個月以後，在此之前我要自力更生，掌握在外地謀生的實力。

付完房租我的資金還剩五十萬左右。房租每個月三萬六千日元，網路費大約五千日元，手機月租費大約六千日元，每個月固定開銷就有四萬七千日元。伙食費每天五百日元，每個月要一萬五千日元。網頁每月還要支付最基本的網域和伺服器費用，再加上一些臨時開銷，全部加一加每個月要花八萬日元。

用五十萬下去算，等於我只有半年左右的時間。

聯盟服務供應商「ＡＳＰ」負責營運整套聯盟行銷系統，酬勞也是由他們支付的，通常是要確認收益的兩個月後才會入帳。比方說，九月底確認的收益要十一月才收得到。換句話說，假設我半年後資金用盡，那我必須在四個月後，就要有足以打平生活費的成果。

四個月後，也就是十二月底。

這是我可以放手一搏的時間。

我一開始以為自己來到這裡會一帆風順。這份期待感，在我回房打開電腦的那一刻就煙消雲散了。

我去做包吃包住的工作，找回了「幹活」的感覺，甚至不惜跳出舒適圈逼迫自己，但我本身的實力並沒有進步。我還是跟以前一樣，每個月連一萬塊都賺不到。

一點五坪大的房間連張桌子都沒有，一床棉被就佔掉了大部份的空間，我把背包裡的文庫本，還有在二手書店買的百元舊書疊起來，當成一個克難書桌。平常只要坐在棉被上面，把筆電放在克難的書桌上，這就是我的工作場所了。

愛鄰地區有一家知名超市叫「玉出超市」，外觀跟柏青哥店一樣氣派，由於店鋪開在勞動階級聚集的地方，店內賣的食物和便當都很便宜。

一份什錦煎餅和炒麵才一百九十八日元，香蕉一串七十八日元，馬鈴薯燉肉一百〇五日元，炸雞便當和燒肉便當才三百一十五日元，晚上八點後便當還有半價優惠。早餐和中餐一起吃的話，一天兩餐花五百元就能解決，盥洗室還有免費自來水可飲用。

就這樣，我在愛鄰地區展開了新生活。

．．．．連續三週不停工作

前兩個月我就是一股腦兒地做網頁。

因為我不敢相信自己的頭腦，所以加入了網路上的手機聯盟行銷課程。

半年的課程要價九萬八千日元，我用分期付款的方式分半年繳清。本來資金就不多，參加課程又要花十萬日元，我在按下購買課程的確認鍵時，真的手指都在發抖。

スーパー
玉出
スーパー
玉出
激安
スーパー
玉出
生鮮館
スーパー玉出
スーパー玉出
スーパー玉出

根據課程的說法，手機網頁有其固定的市場。

「遊戲」、「漫畫」、「占卜」、「表情包」、「來電鈴聲」這一類屬於打發時間的娛樂市場；「美瞳」、「假睫毛」則是辣妹系的美容時裝網購市場；「相親」、「交友」、「派對」則是戀愛相關市場。

手機的畫面不大，文字訊息太多的資訊網頁不受歡迎。圖片較多，外觀簡約，馬上看得到官網廣告的單純頁面較受青睞。

總之，只要有空我就按照教學內容製作網頁。

數量也從十個網頁、五十個網頁，增加到一百個網頁、三百個網頁。

跟電腦的資訊網頁相比，手機網頁的頁數不用太多也沒關係。就算只有一頁商品簡介，據說也能賺到足夠的收益。

於是我拚命動手製作網頁，拚命工作不見得賺得到錢，但不工作注定要喝西北風。

在旁人眼裡，我的生活就是整天坐在電腦前面，跟我以前窩在家裡沒兩樣。可是，現在我來到勞動階級聚集的貧民區，外面有一堆遊民和無所事事的人在徘徊，而我就守在一點五坪大的房間製作網頁。這種置之死地而後生的感覺，是前所未有的體驗。

當我盤坐在筆電前製作網頁，可以感受到自己肩上扛著人生的重擔。我以前在旅館認識的那些廚師前輩，他們就是勇於扛起重擔，才練就出一身膽識的吧。

我也沒決定假日，都是做到累垮再休息。

連續工作三個禮拜，我的體力和精神都消耗殆盡，整整兩、三天，身體和頭腦都廢了。

我快不行了……。

反正不可能賺錢的……。

到頭來我一定會變成街友，虛耗寶貴的青春……。

諸如此類的負面念頭排山倒海而來，我只能一個人縮在房間角落默默承受。

每到這種時候，我就上網看看動畫，什麼也不想。我很喜歡那種全部二十四集到四十八集的長篇故事，好比《超時空要塞》、《反叛的魯路修》、《命運石之門》等等。

我只有吃飯時才會離開房間，剩下每天十八小時，就跟廢人一樣一直看動畫。這種生活持續三天，我也差不多膩了，這才回頭工作轉換心情。

接著，我又連續三週埋首製作網頁。累了就縮在房裡看動畫。

我一直重複這種沒跟任何人接觸的生活，不斷重複。

「阪仔，你過得如何啊？」

長谷川難得跟我聯絡，我卻支吾其詞，沒辦法給他一個正面的答覆。

我本來就不太懂電腦和網路知識。製作網頁的每一個環節，對我來說難度都很高。網域名稱的取得方法，還有簽下伺服器的方法我一概不知。光是摸索網頁製作軟體，我就浪費了三天。廣告是我唯一的收入來源，一個沒弄好還會消失不見。

每次失敗，我就會抱著腦袋仰望骯髒的天花板。

「大阪住得還習慣嗎？工作順利嗎？」

「嗯，還可以啦。這裡物價便宜，食物又好吃……你過得如何啊？」總之，我只說一些無關痛癢的事情。

「我從尼泊爾回來後，就到名古屋工作了。」

「名古屋？」

「對啊，跟汽車有關的工作，也做習慣了，還挺順利的。」

「那你女朋友呢？」

在旅館打工的時候，他說自己跟高中的同班同學交往。

「我找她一起來名古屋同居啊。」

「是喔……你們同居啊，那等你存到錢，又要去海外嗎？」

「沒有，那種生活也差不多到盡頭了，該享受的自由也享受過了，也該定下來啦。我暫時會留在這邊工作。」

「這樣啊。」

「大阪跟名古屋沒很遠，改天來我家玩吧？」

「嗯，謝謝。」

「記得啊，有空一起喝一杯吧。」

不曉得我什麼時候才能實現這個約定？

深夜小巷中情緒崩潰……

工作累了，我會出去外面散心。

走過店門口，裡面傳來大叔們載歌載舞、把酒言歡的熱鬧氣息。門縫中還飄出關東煮的香味，以及燒烤雞肉串的肉汁噴濺聲。搞不好那些路邊的街友，生活還過得比我滋潤。

——他們有朋友，大家在一起喝酒談笑，引吭高歌。承認他們過得比我好，讓我覺得自己非常可悲。

沒有人知道我在這裡奮鬥。

我有告訴父母自己在大阪，但我沒有說我在愛鄰地區。大學時代的朋友我依舊沒聯絡，我也想不出自己還有什麼可以隨便聊天打屁、吐吐苦水的朋友。

我到自動販賣機買了一包菸，我是不抽菸的，但我需要一點排遣寂寞的慰藉。我買了一包便宜的「若葉牌」香菸，在小巷弄間徘徊，抽著自己根本不會抽的菸。

除了觀賞動畫，散步是我唯一調劑身心的方式。我走在難波和日本橋地區，尋找能用在網頁上的點子或關鍵字。

我會觀察街上有什麼新商品或熱門商品，瞭解一下大家想要什麼東西。回家後就思考接下來要做什麼，計算當天的開銷。我會回顧當天的工作內容，檢討未來的行動戰略。

那種感覺，就好像獨自走在被絕望籠罩的冰河上，彷彿稍有不慎，就會有鬼手把我拖入陰暗冰冷的河底一樣。

我不敢昂首闊步走在街上，那些一臉幸福的行人對我來說太耀眼了。因此，我總是低著腦袋快步行走，只敢盯著自己的腳尖。

「表情陰鬱的人賺不到大錢，再窮也要保持富人的心態。」

這是我在二手書店買來的自我啟發書上的內容。我不斷告訴自己要保持笑容，嘴邊的肌肉卻僵硬抽搐。逼自己強顏歡笑，結果是笑容看起來既陰慘又扭曲。即便如此，我還是努力微笑。只不過從鏡子和玻璃上看，我的笑容跟鬼一樣可怕。

還有一件事。

愛鄰地區每天會發放兩次愛心餐點，在公共就業服務站排隊等吃飯的街友和勞動階級，都滿到大街上去了。

我快步走過那些人身旁時，總覺得隊伍中也有自己的身影。

一看到那樣的幻象，我猶如驚弓之鳥放足狂奔。我回家躲在棉被裡渾身發抖，不斷地告訴自己，我在這裡……我在這裡！我要遨遊世界……。

不安。

無力。

憤怒。

饑餓。

夜晚我忍受著饑餓感就寢，還會被某種物體擠壓的聲音吵醒。我仔細聆聽聲音的來源，發現那是缺乏營養的骨骼和肌肉在收縮的聲音。飢餓的人體在慢慢收縮……我的體內竟然發出了那樣的聲音。

我用力摀住耳朵，縮起殘破的身軀。最後我實在受不了，跑去超市買東西吃，但我不知道該如何賺回自己吃掉的伙食費。

大家都說聯盟行銷不會馬上看到成果，但我動用了自己所有的一切、能力和時間——我再也無法忍受收益為0的畫面。0元的畫面，代表了我的本事，感覺自己的一切統統都被否定了。

賺不了錢。

我賺不了錢。

我他媽的賺不了錢。

我好想飽餐一頓。

一天餐費才五百日元，根本過不了像樣的生活。

我覺得自己好無力，賺不了錢也讓我妄自菲薄到了極點——某一天我走在街上，這些負面情緒統統爆發出來了。

你到底在幹嘛啊？你一直以來到底在衝三小？為什麼你會搞成這樣啊！活了二十四年，你連賺錢養活自己的本事都沒有？東京的名校畢業又怎樣？當背包客浪跡東南亞又怎樣？音樂比其他人強又怎樣？這些東西有辦法讓你賺到一塊錢，或是得到什麼實際的利益嗎？

整天就只知道玩音樂，寫一些無三小路用的小說，失敗了也不肯堅持自己的夢想，甚至做出傷害別人的事情，給職場的伙伴們添麻煩，連自己的性命都拋棄了。結果現在還把自己搞成這副德性？你他媽的過去這二十四年，每天都在混吃等死是吧？

一天二十四小時都想著創業，卻只求自己溫飽，你工作就只為了追求這麼卑微的夢想，但你連達成的能力都沒有……！

你以為自己只要拿出真本事，就無所不能是吧？你以為自己有什麼特別的能力是

吧？你想跟別人走不一樣的路，還天真地以為那才是成功的捷徑是吧？然後呢？你瞧不起別人「普通」的生活，但你連普通生活都做不到啊。你不能忍受每天上班賺錢的「乏味」生活，但你連乏味的生活都過不好啊。你捨棄了自己的一切，那你有做到任何一個目標嗎！你的能力就只有這樣而已啦，憑什麼瞧不起這個社會啊！

別小看這個社會！別小看這個世界！別小看其他人！別小看普通的生活！

什麼叫你要有能力遨遊世界啊？什麼叫你要有能力出國啊？仔細看清楚自己現在所處的環境好嗎？看看你周遭的其他人，每一個人都開開心心地跟朋友喝酒談天，你連買酒來喝的錢都沒有吧？你連陪你喝酒談天的朋友都沒有吧？你有那個閒情逸緻歡笑嗎？都沒有。你落魄到比任何人都慘的地步，你的際遇、無力、窩囊性情——究竟要什麼時候才會改？你究竟要到何時才賺得了錢？你的人生搞不好就這樣廢了……。

我衝進新世界街區的小巷弄裡號啕大哭，哭得泣不成聲，淚水也扭曲了我的視野。

我的雙腿再也站不住，差點就要跪了下去。可是這一跪，我大概就再也站不起來了，所以我用額頭靠著牆壁，淚水持續溢出眼眶，鮮血也不斷自額頭滑落。

最可悲的是，我再怎麼痛哭、再怎麼後悔，也同樣賺不了一塊錢。

在我哭泣的當下，時間也在一分一秒流逝，每過一天我就失去一天的生活費。去抱別人大腿或吐苦水，我的收入也不會增加。就算我再怎麼軟弱無力、可悲丟人，也還是得咬緊牙關幹下去。

我好想活下去。

這是我心中最真誠的念頭，要活下去，絕對要活下去。想不到一個曾經二度尋死的人，竟然會這麼執著求生。

我發現自己可以當個無病呻吟的家裡蹲，是因為有保護我的避風港和制度。我就是躲在這樣的舒適圈裡，才會動不動就想死，我總認為活著是一件理所當然的事。

不過，現在我沒有任何援助和後盾，還有可能淪為街友或橫死街頭。在這種狀況下，「活下去」就是我心中唯一的念頭。

我大概是在這一刻，才算真正克服了憂鬱症。

與憂鬱完全相反的情緒爆發出來，燃盡了所有憂鬱的念頭。如今我內心只剩下火熱滾燙的求生欲望。

8

掌握獨自謀生的能力

金盆洗手的黑道幹部傳授的工作之道

把自己關在家裡的繭居族、尼特族、憂鬱症患者，究竟要如何再次融入社會？

我個人認為，要有獨自謀生的具體能力。

所謂的具體能力，就是自己一個人也能賺錢過活的能力。

世上有許多人推出各種書籍、格言、活動，來幫助繭居族和尼特族自立。不過，那些外在刺激很難改變我們這種人。

我過去之所以罹患憂鬱症，真正讓我不敢出門的原因是「自卑感」。

跟我歲數差不多的年輕人，都已經在外面的世界上班謀生了，有的人還交了女朋友，娶妻生子，努力追逐自己的夢想。跟他們相比，我把自己搞得蓬頭垢面，眼睛跟死魚眼一樣，整天癱在床上不肯起來，起來了也沒心力做任何事。別說交女朋友了，我連喜歡的對象或朋友都沒有。

讓這種廢物攤在陽光下，我實在無法忍受。

因此，我才想掌握獨自謀生的能力。

我沒辦法跟其他人一樣，到一般的企業或組織裡上班。可是，賺錢不是一定要靠這種方法。

賺錢可以靠股票和外匯，還有我嘗試的聯盟行銷等網路經商手段。除此之外，也有人靠自學的方式，學習網頁設計和寫作，或是利用群眾外包服務找到合適的工作。每一種方法各有難度，但要待在家裡謀生並非不可能。

等我能夠一個人賺到十萬、二十萬、三十萬，賺到跟普通上班族一樣的收入，甚至超越他們的收入，我的自卑感才會消失。到時候，我才敢再一次融入社會與人交往。

我想去見識外面的世界。

是見識，不是逃到外面的世界。

我要有在海內外都能活下去的本事，我想成為那樣的人。

「把你口袋裡的東西都拿出來！」

平日上班時間，會在街上閒晃的年輕人也只有我了。

「喂，那邊的，過來一下。」

某天，我從超市買完東西準備回家。後方一個年輕警察騎著腳踏車追上我，他一把抓住我的手腕，把我帶到路旁。我完全慌了手腳，根本不知道發生了什麼事。警察抓住我手腕的力道，帶有明確的敵意和緊張感。

「呃，請問……我怎麼了嗎……」

「把你口袋裡的東西都拿出來，快一點。」

警察的口吻嚴厲，由不得我拒絕。過去我也被警察盤問過，但我在其他城市沒遇過如此強硬的盤問。我按照指示拿出口袋裡的東西，有鑰匙、錢包、揉成一團的發票。

「你沒帶刀吧？有沒有其他危險物品？」

「帶、帶刀？」

「站好，我要搜身。」

警察話一說完，直接拍拍我的口袋和身上其他地方。找不到危險物品後，警察又叫我拿出證明身分的文件，我乖乖拿出自己的駕照。警察拿出無線電，通報我的姓名和駕照號碼，我瞄了周圍的路人一眼，他們也只是稍微看了一下，彷彿這沒什麼大不了的。

「請問，是出了什麼事嗎？」

我詢問年輕的警察，他的年齡應該大我幾歲吧，體格相當精實，表情倒是有股親和力。

「嗯，也沒什麼，你來這一帶幹嘛呢？」

「其實呢……」

我簡單說明自己剛投入網路事業，因為賺的生活費不多，才會暫時來這裡生活。等賺到錢以後我就會離開了。

警察聽了我的說法後，表情才終於緩下來。他以隨和的語氣說，我不該住在這麼危險的地方。

「這一帶很危險嗎？」

「很危險啊，這裡常發生砍人或捅人的傷害事件，你不知道嗎？」

「呃，完全沒聽說……」

「這裡經常有人喝酒對吧？有些人身上還帶刀，一發生爭執就拿刀捅人。接下來情況應該會好一點，但入春的時候特別多。」

「為什麼接下來情況就會好轉？」

「天氣冷的關係啊，天氣冷大家就懶得出門了。」

這理由單純到可信度反而很高。

「所以不要在外面走動比較好嗎？」

「在外面走動是免不了的啦，重點是不要跟人家發生爭執，你也別主動挑釁。」

「我不會這樣啦。」我苦笑道。

「總之你自己注意安全啦。還有啊，未來你可能還會遇到路上盤查，請多擔待啊，這是我們的工作。」

警察話一說完，就騎上腳踏車往南邊去了。

老實說，我真的很不想再碰到這種事情。遺憾的是，那個警察說的沒錯，後來我又被盤查了好幾次。

我住的地方待起來也不太自在。

樓下客廳常有其他房客大叔聚在一起閒聊，我走過他們身旁時，都會感受到他們打量我的視線。自己熟悉的公寓裡來了一個異類，也難怪他們會好奇。

比客廳更讓我不自在的是澡堂。

我第一天到愛鄰地區，早早就進入澡堂盥洗。

結果，裡面有一堆渾身刺青的大叔，有鬼面和孔雀的刺青，也有人肩胛骨上刺了一對幾乎要振翅高飛的羽翼。跟那些渾身刺滿恐怖圖樣的大叔在一起，我真的超想哭的，他們粗獷的大阪腔聽起來就像外國話。

後來我都是等到晚上十一點左右，也就是澡堂關閉以前，才會去稍微沖個澡，沖完就趕快回到自己的房間。

不料，某天我遇到了一個已經金盆洗手的黑道幹部。

在澡堂遇見朝氣十足的黑道大叔．．．．

「唷！小哥，過得如何啊?!」

有一天，澡堂來了一個很有活力的大叔。

大叔跟我打招呼，嗓門大到撼動整間澡堂，我當場嚇呆了。那一天氣溫變冷的，我泡在浴池裡面一時無法脫身。大叔也沒沖洗身體，就直接跳進浴池裡，我連後悔自己沒有早點閃人都來不及。這下我真的跑不掉了。

「小哥，我沒看過你呢！你是不是幹了什麼壞事啊?!」

「沒、沒有啊！我還沒幹過壞事呢。」

「是喔？會來這裡的年輕人，通常都是把自己人生搞砸的傢伙嘛，哈哈哈！」

對方一下掌握對話主導權。不對，我的主導權根本就被侵佔了。

「你啥時來的啊？」

「兩個月前來的。」

「對對，我記得你兩個月前來的。」

果然他們都有在注意我啊，但他講得那麼坦白，我反而有種好感。

大叔年約三十五歲左右，身材並不高，但膚色黝黑又長滿肌肉，整張臉油亮光滑，顯得朝氣蓬勃，沒有陰鬱的氣息。他的笑容太豪邁了，一看就不是普通人物。

「自從你來了以後，大家都在討論你是做什麼的呢。」

「大家果然有在談論我的事啊。」

「那當然啊，畢竟這裡不是你該來的地方，你自己也很清楚吧？」

「呃，是沒錯。」

我面帶苦笑回答大叔。

「這裡的年輕人呢，多半是做手藝的，再不然就是毒蟲或黑道份子。像你這樣的人光是走在路上就很引人注目，自己要多注意安全啊。所以，你到底是做什麼的啊？」

瞞是瞞不住了，我乾脆據實以告。

我告訴大叔，自己去年罹患憂鬱症辭掉了工作。因為不想到企業上班，才打算獨力創業。會來到愛鄰地區，主要是想從頭開始，不依賴別人的幫助。目前還賺不到什麼錢，但我未來想去海外生活。這些事情我統統都說了。

大叔開心地聽我自白，聽完後大笑三聲。

「是喔，原來啊，你很努力呢。一開始失敗正常啦，錢一定不夠的，克服以後你就是獨當一面的狠角色了。」

來到異地打拼，我還是第一次聽到這樣溫柔的鼓勵，感動得都快哭了。

在澡堂學習「地下社會煉金術」……

大叔的名字叫中條，半年前才來到愛鄰地區工作。

「之前我都在神奈川混！」

「啊，是這樣啊，我在橫濱出生的！」

想不到我們也有共通點。

「你在神奈川做什麼工作呢？」

「混黑道啊！」

「……咦？」

「暴力團啦！我是黑道幹部。」

……我們哪來的共通點啊！

不是，隨便透露自己的身份沒關係嗎？而且還一臉得意咧。

中條先生跟我印象中的黑道很不一樣，他身上沒有刺青或任何傷疤，看上去就像教小朋友打棒球的普通大叔一樣。不過……這樣的反差帶有一股奇妙的說服力。

他說的每一件事情都出乎我意料之外。比方說，地下社會的賺錢方法。

當我表明自己在做手機網頁，他就興高采烈地問我，是不是在做交友網站。

「交友網站不錯喔！超好賺的。」

「中條先生，你也做過手機網頁？」

交友網站非我專業，我卻湧現一股親近感。

「嘿啊，我經營過很可愛的網站喔！」

「……可愛的網站？」

「嘿啊！也就是俗稱的『剝皮網站』啦。」

媽的，把我的親近感還來啊。

「我跟四個小伙伴一起經營的，每個月利潤有六百多萬喔！」

「你的伙伴也是暴力團的成員嗎？」

「是啊，都不是什麼好東西啦！」

「那女孩子打哪來？」

「女孩子？」

「只有男會員沒有女會員，交友網站營運不下去吧？」

「我上哪去找妹子啊，那些可愛的交友訊息，都是我寫的啦，哈哈哈！」

我這輩子沒用過交友網站，但我發誓未來不管多饑渴，都絕對不會用交友網站。

「那你們怎麼增加能見度啊？」

「能見度？你是說像SEO[6]之類的？」

「對啊。」

既然一個月有辦法賺六百多萬，那代表他們的網站吸引了很多人。儘管我們做的網頁性質不同，但身為一個網頁製作者，我還是對中條先生的方法很感興趣。

「很簡單啊，假設有個知名交友網站叫『〇〇媚兒』。」

「嗯。」

「那我就取個名稱相近的，叫『〇〇魅兒』就好。」

「……就這樣？」

「就這樣啊！然後一些笨蛋搜尋網頁時打錯字，就會來到我們的網頁了。我們就是用這種方法，改一下知名交友網站的名字，讓網友登錄到我們的網站上。真的超好賺的啦！可惜後來法規越改越嚴，我們只幹半年就閃人了，哈哈哈！」

我忽然覺得自己認真做網頁蠢到不行。

還有一次，中條先生教我在半年內搶別人的柏青哥店，海撈八億元的方法。

「小阪啊！你猜猜，在黃金地段開一家柏青哥店要花多少錢？」

「呃，這我從沒想過耶……應該上億跑不掉吧？」

「至少要花三十億，很燒錢的！還牽涉到各種權益和手續問題。」

「是這樣喔……」

6. 搜尋引擎最佳化（Search Engine Optimization），根據搜尋引擎演算法來調整網站，以提高該網站在搜尋引擎上的排名，增加流量。

「所以啊，與其買一塊土地花大錢蓋，不如搶人家現有的還比較便宜！」

「原來啊。」

「這時候就輪到我上場啦！比方說有一家大型柏青哥店想要那個黃金店面，我就去跟他們講好，幫他們把那家店搶下來。通常要花八個月左右，頭一個月啊……」

中條先生就像拿到玩具的小孩子，喜孜孜地告訴我那八個月內發生的所有事情。他講解得詳細又有條理，簡直不下於補習班的名師。由於他講得實在太詳細，我真的很怕他叫我也去幹一票。

黑社會管理學……

我跟中條先生常在澡堂碰面，聽他說一些普通人沒機會聽的黑社會秘辛。

「中條先生，你以前混黑道的時候，是做什麼的啊？」

「我喔，負責對外交涉啊。」

「對外交涉？」

「嘿啊，就是起衝突的時候，要第一個趕往現場的那種。」

「呃……這不是很危險嗎?!」

「很危險啊。沒辦法，總要有人去才有辦法收拾嘛。去了以後先跟對方談，要是我方理虧那就摸索妥協的方案，要是對方理虧那就堅守立場，一步也不退讓。做那種工作，真的很危險啊！」

「有生命危險嗎？」

「當然有啊！」中條先生笑了，一副理所當然的語氣。

「有一次我開車，旁邊的車子忽然搖下窗戶對我開槍。我氣到想追上去，卻沒力氣踩油門。低下頭來一看，才發現我的右腿中彈，血流不止！報紙也刊過很多次，我可是很有名氣呢！」

還有這樣的故事。

我問中條先生，「黑道要金盆洗手的時候，是不是有很多規矩啊？電視劇不是都有演嗎？要切小指頭之類的。」

「我有幹出成績，所以不用啦。」中條先生張開自己的手掌說，「動不動就要切指頭，指頭再多也不夠用啊。」

「……也是啦。」

中條先生的十根指頭完好如初。

「可是，你幹得這麼好，人家反而不會放你離開吧？」

「那是當然啊！我跟老大也起了一點爭執，還好最後老大同意我退出，我可花了不少功夫才說服老大的。」

「再怎麼辛苦，你也想當回正經人就對了？」

「想要幹點正經的工作，就不能待在暴力團啊。跟你說，那些混黑道的都是渣！那種地方不能一直待下去。」

中條先生的故事總是刺激又有趣。

有超乎常理的奇人異事，也有地下社會的結構說明，就連經濟情勢和高級俱樂部的消費方式他都略知一二。每次我們在澡堂碰面，他就會打開新的話匣子，讓我大開眼界。

我知道中條先生說的，只是他的其中一面，想必他也幹過很多說不出口的壞事，包括那些令人膽寒的可怕行徑。

然而，這對我來說無關緊要。

畢竟我身邊沒有其他人可以依靠，也沒有人會跟我談笑風生。除了中條先生沒有人願意跟我閒話家常，告訴我一些新奇有趣的事情。難得有人親暱地稱呼我小阪，光是這樣我就很開心了。

月收入終於達到三萬……

認識中條先生以後，我在愛鄰地區過得就比較愉快了。

首先，公寓裡其他房客的態度都不一樣了。那些聚在客廳聊天的大叔，終於肯笑著跟我打招呼，不再把我當成外人。

「天氣變冷了呢。」

「是啊。」

「口袋裡也冷冷清清呢。」

「一直等不到春暖花開啊……」

「等不到啊……，等了幾十年都等不到啊……」

能跟其他房客閒話家常，對我來說是值得高興的事。

應該是中條先生暗中幫助我的吧，雖然他什麼都沒說，但我確實感受到他在背後默默地支持我。

這個地方住了很多可疑的人物，他們都有說不出口的往事和經歷。因此，他們當然會提防外來份子。不過，一旦他們把你視為「伙伴」，這裡就是保護你的避風港。

到了十一月底，我來愛鄰地區也三個多月了，我的收入達到三萬日元。三萬日元差不多是一個月的伙食費和咖啡錢。

我每天餐費同樣是五百日元，過不了太奢侈的生活。然而，努力爭取自己理想的生活，這樣的戰鬥成果確實令人振奮。

新世界地區的北邊就是日本橋，號稱「大阪秋葉原」。那裡有許多家電量販店和電腦專賣店，以及動漫專賣店、電動間、偶像商品專賣店之類的次文化商店。滿大街的路人看上去都跟新世界地區的居民不一樣，路旁還有女僕咖啡廳的店員穿著精緻的哥德蘿莉塔服裝拉客，白天和晚上都能聽到各店鋪播放動畫歌曲，以及虛擬偶像的歌曲。

手機網頁很適合這種次文化要素，上面有不少動畫相關商品和手遊的廣告。

我會到電動間打探最近的人氣動漫角色，順便請教熟識的店員，現在有哪些角色特別受歡迎。我就這樣到處尋找網頁製作靈感，回來後實際用在我的網頁上。比如，有一陣子「初音未來」等虛擬偶像的知名度大增，連一般人都聽過她們的名字，這些虛擬偶像在電動間的能見度也不低。

我走在路上親身感受流行脈動，立刻做了一個虛擬偶像的粉絲網頁。我在網頁上放了來電答鈴、虛擬套裝、遊戲之類的廣告，總算賺到了足夠的伙食費。

・・・・

東大畢業也去混黑道

「小阪啊，你不打算跟別人一起工作嗎？」

有一天，我在澡堂又碰到了中條先生。

「這個嘛……我就是不喜歡跟別人一起工作，才會罹患憂鬱症的。我希望盡量靠自己的能力討生活。」

「是喔，現在這個時代也是有這種生存之道啦。」

「中條先生，你以前又是如何呢？底下有很多年輕小弟嗎？」

「對啊，還有一些小弟跟你年紀差不多。你知道嗎？近年來黑道份子的學歷也越來越高了呢。」

「咦，真的嗎？」

「我底下的小弟，還有東大和早稻田大學畢業的。他們都穿得光鮮亮麗，不像我穿得很隨便，他們還拜託我打扮得像樣一點呢。哈哈哈！」

「為什麼他們要去當黑道？去一般大企業上班不就行了。」

「現在這個時代，找到好工作也賺不了大錢啊。」

中條先生也很坦白，「小阪，你知道我為什麼要混黑道嗎？」

「呃……是為了錢嗎？」

「沒錯！黑道混得好，一晚賺個上千萬不是問題，你去哪找這麼好賺的工作？」

「是找不到。」

「所以我才去混黑道，他們也一樣。去普通的企業上班，也只賺得到普通的薪水。薪水差個十幾二十萬，人生也不會有出息。他們都很清楚這一點才去混黑道的。」

把混黑道當上班，這是我無法體會的世界。

「那黑道老大和幹部，都是什麼人在當的？」

「你認為呢？」

「是不是……有過很多輝煌的功績啊？」

「他們都是男子漢。」

這個出人意料的答案，令我大受衝擊。

「男子漢……？」

「沒錯，只有男子漢才能立於眾人之上，底下的人才願意跟隨，沒骨氣的傢伙幹不成任何事情。他們確實有過輝煌的功績，但有沒有領導眾人的氣度，這才是最重要的。」

我所追求的「獨自謀生的能力」，似乎跟當一個男子漢有異曲同工之處。努力工作賺錢，當一個頂天立地的漢子，培養出獨自謀生的能力。不管我未來到哪裡，跟其他人一起生活工作，這些都是不可或缺的要素。

9

忍受孤獨

在一點五坪大的房間奮力工作，終於勉強達標

一般說到創業圓夢，大家都以為必須跟很多人交際應酬才行。好比要尋找志同道合的伙伴，宣揚自己的夢想和願景，或是尋求成功人士的建議，四處奔波調度資金等等。

不過，我認為「忍受孤獨」也是圓夢的必備要素。

像我選擇製作網頁這份工作，就得一個人枯坐在電腦前面作業。即便你有優異的知識和良好的器材，在研討會上也結識了很多人脈，還是要獨力製作網頁才賺得到錢。

況且，我很清楚自己意志有多薄弱。我容易隨波逐流，而且又害怕別人的眼光。我只要跟其他人見面，就會不自覺跟對方比較。當我發現自己一個人傻傻做網頁，收入還差人家一大截，一定會被那種自卑感打垮。

所以，盡可能忍受孤獨，不要跟其他人見面，對我來說才是勝負的關鍵。

我要實踐自己的想法，屏除一切多餘的雜念，建構一套可靠的獲利系統，讓我可以遨遊全世界。我一直很專注在思考，到底自己要的是什麼。

然而，連續幾個月不跟別人交談，也沒有吐苦水的對象，在即將入冬的季節，獨自悶在小房間裡持續奮鬥——這樣的孤獨太難忍受了。

「小哥，最近想開心一下嗎？」

十二月的某一天，我跟平常一樣到超市購買百元有找的中餐，買完準備走回家吃飯。我走的是離家比較近的小巷弄，而不是大馬路。寒風中，一名陌生男子站在路旁，問我最近開不開心。

「不開心的話，我這裡有貨喔，你要什麼我都有。」

黑衣男子豎起衣領，湊近我耳邊說悄悄話。他那親切的笑容一看就有鬼，我頓時感覺到背脊發涼。

「呃，我沒在用的。」

說完我就快步離開現場了，男子也沒追上來，只說了一句，「沒差，想要再來找我吧。」

男子回到原來站崗的地點繼續抽菸，他的腳邊積了一堆被踩爛的菸屁股，就跟墓地裡擺放的卒塔婆[7]一樣。

這條小路我走過很多次，白天晚上都有不同的男子輪流站崗，他們也找上我很多次。有一次我看了對方一眼，對方誤以為我要買貨，整整尾隨我五十公尺左右。

「像你這樣的人光是走在路上就很引人注目，自己要多注意安全啊。」

我想起中條先生之前說過的話。

那些毒販大概以為我有吸毒吧，我沒吃什麼有營養的東西，氣色看起來很差。前幾天我在浴室量體重，連四十七公斤都不到。鏡子裡我的臉頰凹陷，肋骨也跟魚乾的紋路一樣明顯，說我這種人在創業應該沒人會信吧。

我鬱悶地走回住宿的地方，中條先生把車子停在一旁的小巷，我剛好遇到他下車。那是一輛隨處可見的灰色廂型車，只重視機能性，沒有華美的外觀。儀表板上還有幾個跟中條先生很不搭調的可愛玩偶。

「唷，小阪。」

「你好，中條先生，上班嗎？」

我現在還不知道中條先生是做什麼的。

「沒有，稍微回家一趟。」

「回家？中條先生，你不是住這裡的嗎？」

「是啊，我昨天回老婆家啦。」

「咦？中條先生你結婚了？」

7. 指日本墓園中常見立在墳墓後方的直條式木板，上面書寫經文或佛號，象徵佛塔。

對此我感到非常意外，當然我也知道自己的反應有點失禮。中條先生性格豪爽，他要是有三妻四妾我也不覺得奇怪。我只是沒想到，他住在這樣的公寓裡，竟然還有老婆。

「沒錯啊，我結婚了。」

「你還有自己的房子？」

「有啊，從這裡開車十五分鐘就到了。」

「你有房子為什麼還住這裡啊？」

中條先生露出得意的表情，以一種理所當然的語氣，答覆我這個理所當然的問題。

「跟家人相處久了，難免會膩嘛。」

黑道大叔也有純純的愛……

「我跟我老婆認識很久了，我們以前是高中同學，二十一歲的時候就結婚了，然後一直到現在啦。會膩也是正常的嘛！反正也沒什麼話題好聊的，久久碰一次面剛好啦。」

「從高中就在一起了，真的假的啊？」

想不到中條先生這麼專一，我反而嚇到了。

「真的啊，也算歡喜冤家啦。」

「你老婆不會寂寞嗎？明明有房子，你卻一個人住在這種地方。」

「就跟你說了，每天碰面會膩嘛。更何況，這裡住起來感覺挺不賴的。」

中條先生臉上掛著一種害羞又尷尬的笑容，他去自動販賣機買了一罐咖啡請我喝，大概是要我替他保密吧。臨走前，他還鼓勵我工作要加油。

拿著罐裝咖啡走回房間，我心中泛起一股難以言喻的負面情緒。

我一屁股坐在棉被上，盯著電腦螢幕思考那是什麼情感。想著想著，我終於知道那是嫉妒的情緒了。

事實上，我沒想到中條先生那樣的人竟然也有家庭，對象還是高中時代交往的女友，他在我這個年紀就成家立業了。他以前幹的是在刀口上舔血的工作，長年在地下社會打滾，卻能跟自己心愛的女人走到今天。

這個事實帶給我很大的打擊。

我嫉妒的不是中條先生，而是所有成家立業的男人。

・・・・偷偷關注久未聯絡的朋友

正好一個禮拜以前，我在臉書上看到大學時代的社團女同學，跟同社團的學長結婚的消息。

我罹患憂鬱症的那段時間，凡事跟朋友有聯繫的網路社群帳號我都砍了，包括臉書、推特這一類的東西。不過，現在我靠網路謀生，來到愛鄰地區後我又開新的帳號了。

臉書有搜尋使用者本名的功能，跟其他用假名登錄的網路社群不同，我一下就找到大學同學的帳號。

那一天，我一時興起搜尋社團伙伴的姓名，看到令人懷念的伙伴穿著婚紗的照片。她跟大學時交往的學長結婚了，那個學長以前也很照顧我。我認識的同學、學長姊、學弟妹也在鏡頭裡，跟那對新人一起拍照。大家穿著漂亮的西裝禮服，笑容滿面地祝賀他們結婚。

那一張歡樂的照片中，沒有我的身影。

看到照片的那一刻，我哽咽了。滿腔的自卑感傾瀉而出，我眼中的世界都扭曲了。

我懊悔，不是因為他們沒找我參加婚宴。

只是，當我在愛鄰地區努力掙扎求生時，那些朋友都在各自的天地打拚，追求自己的幸福；有些人結婚了，過上快樂又美滿的生活——我不敢相信，同一個世界裡竟有兩種截然不同的際遇。

他們在大企業工作，領著不錯的薪水，身穿漂亮的西裝禮服，假日的時候跟情人一起約會吃大餐。他們有機會接觸到柔美溫暖的事物，享受著光輝燦爛的青春歲月，跟心儀的對象長相廝守。

「哪有什麼光輝燦爛啊？我們只是很普通的上班而已啊。」

如果我問起他們的生活，他們大概會這樣回答我吧。不過，他們完全不當一回事的「普通生活」，都是我高攀不起的奢望。

「那些同學看到現在的我，不曉得會做何感想……」

我整天待在一點五坪大的房間裡，除了棉被以外家徒四壁。我拚命做著他們無法理解和認同的工作，薪水也遠比不上他們。

我曾帶著筆電到日本橋附近的速食店工作，裡面有一個經常碰到的女店員，一看到我就會露出很不愉快的表情。

那是一種伴隨著厭惡和輕蔑的眼神，這樣的目光也終於落到我身上了。

不把我當成一個男人，這我還能忍，誰叫我沒那個資格。可是，不被當成一個人看待，而且還是被年輕女孩瞧不起，我才知道自己墮落到無可救藥的地步了。這已經不是難過可以形容，我幾乎就要崩潰了。

那些同學看到我，或許也會露出同樣的神情吧。

「阪口那傢伙完蛋了，他也只會出一張嘴嘛。」

搞不好他們會拿我當茶餘飯後的笑柄，從此絕口不提我的存在。

我最後一次跟女孩子交談是什麼時候的事？那模糊的記憶就像前世一樣遙遠。

我最後一次感受到別人的溫柔是什麼時候的事？我拚命回想，但怎麼也想不起來。

原來，這就是孤獨。

想要接觸溫暖的事物，卻不知該往何處追尋。想要品嘗柔順甜美的幸福，卻不知該向誰求助才好。想要一吐心中苦水，也沒有人願意傾聽。寂寞、空虛、痛苦、乃至深入每一個細胞裡的心酸委屈，我都得一個人吞下去。

是啊，這就是孤獨，孤獨就是這麼一回事。

為什麼要讓我認清自己的孤獨，認清自己有多麼悲慘難堪呢……？

我想靠工作轉移注意力，偏偏手指只顧著在鍵盤上發抖。我現在離絕望的深淵很近，一不留神就會墮入萬劫不復的境地。

我盤起雙腿收斂心神，咬緊牙關忍受錐心之痛，靜靜等待發抖的症狀緩和下來。

我得工作，要多做一點進度才行。沉浸在哀傷和淚水中，也換不來一毛錢。

終於賺到一個月的生活費……！

我看著螢幕裡顯示的酬勞，十二月我終於賺到快七萬元了。

七萬元相當於我一個月的生活費。

來到這裡四個月，我終於快掌握謀生的能力了。

剛才我去ATM領取十二月的生活費，存款餘額只剩下十一萬了。我拿著明細表的手都在發抖，耳朵甚至能聽到血液凍結的聲音。

我握著鈔票趕回房內，在筆記本上計算這個月賺到的酬勞，以及酬勞匯入帳戶之前，我得花多少錢過日子。

九月我來到愛鄰地區時，就有算過手頭資金能撐多久。當時我算出來的結果是，我會在半年後的二月耗盡資金。

聯盟行銷的酬勞要兩個月後才會匯入，因此我得在十二月底以前賺到生活費，不然就得喝西北風了。

幸好我勉強達標了，總算可以鬆一口氣。我握緊拳頭，慶賀自己的勝利。

跟我剛到這裡的時候相比，現在我的工作內容比較有條理了。比方說，我會去日本橋的唱片專賣店，領取下個月要發行的新專輯清單。

店內張貼的人氣歌手專輯預約排行榜，我就用手機拍下來。有提供試聽的新歌，我也會實際聽看看好不好聽。書店的音樂雜誌我也看了不少，上面報導的歌星和歌曲排行榜都是必讀內容。獲得了這些資訊，我才能充實自己的網頁。

女性雜誌也是我的涉獵範圍，像《ViVi》、《CanCam》、《小惡魔 ageha》等時裝雜誌，還有《女性SEVEN》這一類的週刊雜誌等等，反正各種不同雜誌我都有看，尋找能用在網頁上的點子。

好在日本橋有許多閒來無事的大叔，以及不分男女老幼的阿宅，客人站著看免錢的書，店家也不太會追究。

我就混在那些大叔和阿宅之中，調查辣妹喜歡什麼樣的瞳片，還有女性關心的戀愛話題和煩惱。例如，三十多歲未婚婦女對結婚有很強的危機意識，家庭主婦對用情不專的丈夫也有極為哀怨的妒意。

我到街上瞭解各種煩惱和問題，製作相關網頁提供解決之道。急著結婚的婦女，我就提供相親或占卜的廣告。想買瞳片的辣妹，我就提供物美價廉的瞳片販賣網址。交不到男友的女性，我就提供男女溝通的相關資訊。

總之，我會先思考各種煩惱的解決之道，並且做成網頁回饋市場。記下網頁內容後，我再到街上尋找點子，閱讀大量的雜誌。

路上的行人都是我的觀察對象，也是我持續改良網頁的靈感來源。一個人胡亂摸索工作的方法，終於有了一點頭緒。

越努力工作，成果就會反應在酬勞上。日子雖然清苦，但靠自己的能力賺取生活費，這種喜悅是無可取代的。

吃別人的頭路，你的薪水是別人給的。而現在，我真的有一種靠自己賺錢的踏實感。

螢幕上顯示的每一分酬勞，都會告訴我是來自哪個網頁的收益。每一個數字都有我努力的血淚，每一分錢都是我的勞力證明。那種感動，是上班族體會不來的。

傍晚，我就到玉出超市去買便當。回到房裡的時候，冬天的夕陽照入小窗，照亮了一點五坪大小的房間。

我探出窗外，眺望迷宮一般錯綜複雜的愛鄰地區。放眼望去，可以看到骯髒的水泥森林，褪色的鐵皮屋頂，在寒風中飛揚的衣物，以及黑色的柏油路。走在小巷中的工人冷得縮起身子，看起來就像小小的螞蟻。所有的人事物，都被夕陽染成美麗的橘紅色。

夕陽慢慢沉入街道的遠方，金色的陽光穿透每一個路口，照出閃耀的光華，令我想起老家附近的利根川棧橋。

夕陽西下的美景，伴隨著吹入窗中的寒風，滲入我的骨髓之中。

這一刻我覺得好幸福。

從一點五坪的小房間，眺望這一片美景的自由，無疑是我自己掙來的。

我有了獨自謀生的能力，沒依賴任何人，也不必受人指使。

同樣是孤獨，這種孤獨跟我過去一病不起，被社會遺棄的孤獨完全不一樣。

盯著電腦螢幕幻想異國街道……

我在小房間裡工作時，總是幻想自己在海外工作的模樣。比方說，我會想像自己在台灣的某個學區，悠閒地待在咖啡廳裡工作。

季節是初夏，明媚的溫暖陽光令人滿心雀躍，我聽著行人用台語交談的聲音，專心撰寫原稿，調整網頁的設計風格。

偶爾抬起頭，女服務生會跟我相視而笑。閒暇之餘，我就到當地的語言學校上課，多少學習一點台語，跟女服務生成為好朋友。等她工作結束以後，我們再一起去吃飯——我幻想的是這樣的光景。

我還會想像自己走在佛羅倫斯的石板地上。瀰漫中世紀風情的街道，吹拂著我在日本從沒感受過的冬季寒風。

我身旁有一位在異國結識的漂亮女孩，我們勾著手走在石板地上，聽著皮鞋踩出輕脆的聲響。我們不是用英語交談，而是用她的母語談心。我的另一隻手拎著超市買來的食物，兩個人準備一起回家煮飯——這都是我幻想的光景。

我知道有人會說，這是不切實際的妄想，甚至覺得我的妄想很噁心。

不過，我是一心一意期待幻想成真，而且樂此不疲。

我在敲打鍵盤的當下，深信冰冷的電腦螢幕，會帶我前往那樣美好的世界。

可是，當我的視線離開螢幕，看到的只有眼前骯髒的牆壁，以及狹小的房間和棉被。鏡中的自己跟魚干一樣乾癟，外面則是混亂的愛鄰街景。

根本沒有什麼漂亮的女孩，我理想中的風景和現實落差太大了。

然而，心懷願景，祈禱夢想成真是我的自由。二十多歲的寶貴青春我已經失去一半，但「未來的青春」還等著我去追尋，我相信自己一定能實現那樣的願景。

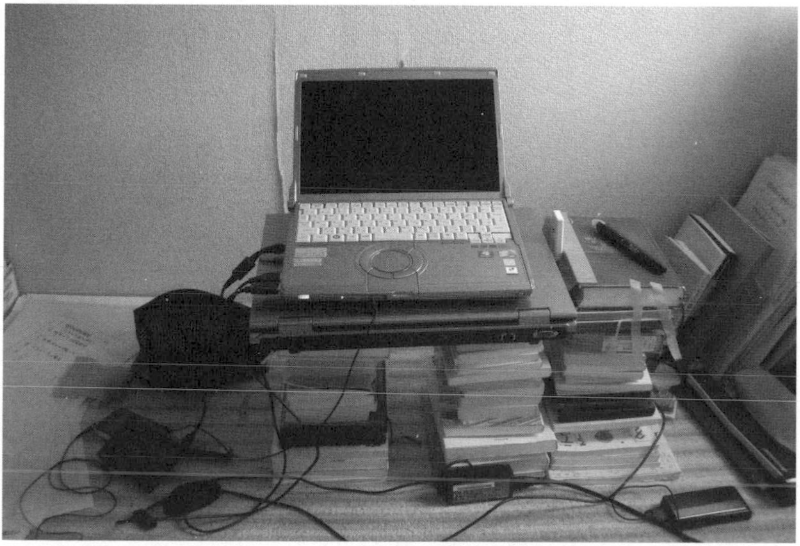

10 做有成就感的工作

結束八個月的雌伏生活，帶著筆電遨遊世界

我到底該不該繼續做這份工作？

有這種疑問的人，想必不是只有我一個。

來到愛鄰地區過上低調的生活，我也一直在思考這個問題。我的酬勞是增加了，但還不足以前往海外生活。是不是有更合理的手段？或是更好賺的方法？

我調查過各行各業的工作，靠網路賺錢大概是唯一適合我的手段了。不可否認的是，這份工作一直讓我有種不踏實感。這跟一般工作不同，不會跟任何人交流，對於自己無法正常上班一事，我也始終抱有自卑感。

讓我真正下定決心的，同樣是中條先生的一句話。

「小阪，新年一起去拜拜吧！」

在愛鄰地區生活，轉眼就過了四個月，二〇一二年的元旦來臨了。

不管是聖誕節、除夕，還是新年，我的日子都跟平常一樣。我還是在製作網頁時聽到除夕的鐘聲，看著筆電的時間顯示才知道新年到了。

我不需要反省過去，也沒有未來的嶄新目標。

培養出國的能力，這是我唯一的追求。

我離開房間下樓，想跟住戶們說一聲新年快樂，不料客廳一個人影也沒有。正當我好奇大家跑去哪裡的時候，中條先生剛好離開房間，邀我一起去神社拜拜。

「你還沒去拜拜吧？一起去住吉大社吧！」

「我可以一起去嗎？」

「當然啊，我也才剛回來，今天公寓裡不會有人啦。」

「大家都跑去哪了？」

「工作啊，新年是賺錢的大好機會，他們都去住吉大社擺攤了。」

中條先生開車載我去住吉大社，裡面都是來拜拜的人，人聲鼎沸十分熱鬧。神社境內擺了一堆攤販，攤販之間的走道擠滿了來拜拜的人潮，吊在半空中的燈籠照亮底下熱鬧的光景。每個人看起來都好開心，我也終於感受到新年的氣息了。

我認識的房客，都在神社內的某個區域擺攤，賣些炒麵或燒烤烏賊之類。根據中條先生的說法，新年沒有臨時工可做，大家只好出來擺攤賺一筆。

中條先生帶著我走在神社的腹地內，很多擺攤的人都主動跟中條先生打招呼。他也樂得停下來聊天，跟眾人說句新年快樂。

「中條先生，你人面真廣。」

「還好啦，我以前混黑道的時候，常跑來大阪做事。黑道是很看人面的工作嘛，都是那時候建立的交情啦。我都金盆洗手了，卻沒有一個人相信啊，哈哈哈！」

每走十公尺就有人跟中條先生打招呼，這點令我非常佩服。

「小阪，也有不少人跟你點頭致意對吧？」

「是啊，為什麼呢？」

「他們啊，以為你是我小弟啦。」

「咦咦咦！」

「哈哈哈！」

說也奇怪，被當成中條先生的小弟，感覺倒也不壞。

拜完以後，中條先生說要請我吃拉麵，便開車載我去京橋。麵店離京橋車站不遠，是一家只有幾張桌椅和櫃台座位的小店。中條先生是這一家店的老主顧，進門時豪爽地打了一聲招呼，恭賀店主新年快樂。果不其然，店主也以為我是中條先生小弟，對我十分親切。

我們一同享用拉麵，中條先生就跟企業家一樣，分析這家店成功的秘訣，解說成本和利潤的計算方法，一旁的店主笑著拜託他不要說出企業機密。我總覺得自己很久沒有吃到這麼溫暖的一餐了。

仔細想想，我好久沒來外面大吃一頓了，身心都獲得滋潤大概就是這種感覺吧。

吃完拉麵走出店外，新年寒冷的夜風吹起來格外舒適。

「不要做沒成就感的工作。」

中條先生總是告訴我很多工作話題和商業秘辛。那些故事聽起來既刺激又有趣，但在我心中殘留著久久不散的，卻是自卑感。**跟他比起來，我的努力實在太微不足道了。**

我二十三歲罹患憂鬱症，逃離了這個社會。我害怕與人接觸，為了養活自己，我才選擇一個人也能做的網路工作。

我並不羨慕黑道，事實上除了這份工作，我大概也沒其他選擇了。

然而，聽那些在社會上打滾的人訴說他們的經歷，我偶爾還是會覺得欣羨不已，因為那是我放棄的人生。

中條先生讓我領悟到，這世上真的有各式各樣的選擇。我賺不到像樣的薪水，才會對社會抱有自卑感。

「總覺得，我的工作實在太微不足道了。」

我喃喃地說出自己的心聲，中條先生問我怎麼突然感傷起來？於是，我老實說出自己當下的想法。

中條先生並沒有笑我，平時他聽到我的煩惱總是一笑置之，唯獨那個時候，他以認真又溫柔的態度回應我。

「小阪，我跟你說。錢這種東西我賺到不想賺了，該玩的我也玩夠了，女人我也睡到不想睡了。

所以我很清楚，工作求的不只是金錢，重點在於有沒有成就感。你要選什麼工作都無所謂，但千萬不要做沒成就感的工作，這是用錢買不到的。

「小阪啊，現在的工作有帶給你成就感嗎？」

「有。」我毫不猶豫地答道。
中條先生又跟平常一樣哈哈大笑。
「那就好啊，抬頭挺胸吧。」

・・・・不再懷疑自己的工作

現在回想起來，我就是從那一刻起對自己的工作深信不移。

過去我總認為自己比不上一般上班族，從事聯盟行銷或網路工作，也讓我覺得自己在做什麼不正經或偷吃步的事情。

不過，我還是很喜歡這份工作。這份工作符合我理想中的生活方式，而且也帶給我充實感——既然如此，我又何必覺得丟臉呢？

我決定二十四小時都用來思考工作，不再理會周圍的紛擾。

專心追逐自己理想中的生活，不要跟旁人比較。持續突破自己的極限，不要停下腳步回頭了。

我的努力終於得到了回報，新年過後酬勞迅速增加，一個月能賺十萬到十五萬了。

說也奇怪，我在街上注意到的當紅關鍵字，還有排解各種煩惱的方法，用在網頁上都有不小的斬獲。

我在電動間、電腦專賣店、動漫精品店、唱片行、難波CITY、新世界街區等地方，觀察行人的裝扮，在各類雜誌上尋找靈感，觀察店頭有哪些新商品。

我想出來的關鍵字或靈感，也沒有特定的競爭對手使用，只要我用在網頁上就能賺錢。後來我才知道，做這一行很少有人跟我一樣，整天在外面蒐集各種點子。

二月我的收入超過二十萬，已經比同輩的平均薪資高了，現在我終於跟其他人站上同樣的起跑點了。

我的「成功條件」……

自從到愛鄰地區工作以後，我一直在思考一個問題。

那就是，我的「成功條件」到底是什麼？

一般人對成功的印象，不外乎是住豪宅開名車，跟著漂亮的妹子一起出遊，到海外的渡假勝地大玩特玩，總之就是這種紙醉金迷的生活。

不過，我很難想像自己享受這種生活的景況。

錢我當然想要，好吃的美食人人都愛。但比起那種生活，我更嚮往學習多國語言，跟海外的居民談天，就像跟日本人聊天一樣流利。我想到不同的國家生活，偶爾在旅途中結識一些願意陪伴我的人——我真正嚮往的是這樣的生活。

於是，我在筆記本寫下自己離開愛鄰地區後，要達到哪些條件才算「成功」。

- 掌握遨遊世界的能力。
- 在海外也有自己的容身之處。
- 在自己喜歡的國家，學會當地的語言。
- 在海外結交值得依靠的伙伴。
- 跟心愛的人在一起。

滿足這五個條件，對我來說才叫「成功」。

要滿足這五個條件，錢是不可或缺的要素。**可是，思考有錢以後我要過什麼樣的生活，這遠比賺錢更重要。**每個人的成功條件都不一樣，只顧追求世俗的功利，不去找出自己真正嚮往的理想生活，只會過得不幸而已。

我認為，人要被逼到絕境才會明白自己到底要什麼。

當你最痛苦、最落魄潦倒的時候，什麼東西是你拼了命也要得到的？在那樣的困境中，你努力掙扎求生，放棄了多餘的欲望和半吊子的夢想。當那些雜質被過濾完，還剩下什麼是你依舊無法放棄的？

這才稱得上真心想要的「成功」和「夢想」。

‧‧離開愛鄰地區

二〇一二年四月。

漫長的冬天結束，愛鄰地區的櫻花也開始綻放了。

天氣好的時候，我會到頂樓俯瞰鐵網下的街景。底下是擁擠的灰色貧民區，還有佇立在遠方的通天閣。這幅熟悉的景象，似乎瀰漫著一種悠閒的氣息。

不過，走到路上我卻感受到前所未有的緊張氣氛。本來三教九流的人都待在家裡避寒，現在他們也到街上徘徊了。

走著走著，又有人一把抓住我的手腕。我心想，大概又是警察盤問吧，沒想到這一次我被拖到警車裡問話。

天氣回暖後，我每次走在路上都被警察盤問。這一次被拖到警車裡我真的受夠了，也決心離開這個地方。

我希望房東能把剩下的租金還我，房東也很乾脆地答應了。

「小哥，你打算去哪啊？」

「我工作做出了一點成果，要離開大阪了。」

「這樣啊，有工作是好事，加油啊。」

房東也沒跟我說再見，在這個地方是不能說「再見」的。掌握謀生的能力以後，我再也不要回到這個地方。這片土地，還有這裡的人都照顧過我，展翅高飛是我唯一能報答他們的方式。

我收拾行李時，想起了這一段日子的回憶。

這八個月來，我是否改變了？

跟八個月前相比，我的體重少了五公斤，依舊不擅長跟別人相處。我同樣沒有朋友，一個人潛心靜修了八個月，我內向的性情好像更嚴重了。

可是，當初剛來這裡的時候，我確實沒有在其他地方生存的本事。現在的我，走到哪裡都有辦法過活。

當然，依我目前的經濟能力，不管走到哪裡日子都不會太好過。但好不好過是一回事，**至少我有活下去的能力，也有謀生的武器**。我認為這種差異是有天壤之別的。

今後，我要去見識外面的世界了。

我會繼續用同樣的方式工作，提升好幾倍的賺錢能力。到時候，我應該有辦法把自己打扮得像樣一點，也有多餘的心力結交朋友和戀人吧。說不定日後我的性格會更加開朗，總之一步一步慢慢來吧，就如同我在愛鄰地區，慢慢掌握獨自謀生的能力一樣。

行李半小時就打包好了。

我來到客廳，中條先生和其他大叔正在談天說笑。他注意到我，跟我打了聲招呼。

「中條先生，我要離開這裡了。」

「喔喔，這樣啊！很好很好，你要去哪啊？」

「先回老家一趟，等準備好以後，我就要去海外了。」

「是喔，你打算去哪個國家啊？」

「我賺的錢還沒有很多，總之先去東南亞看看吧，應該會先去泰國。等在當地賺到更多的錢，再去其他國家見識一下。」

「這樣啊，離開這裡終究是件好事啦，加油啊。」

「中條先生，多謝你這段日子的照顧。」

「我啥也沒幹啊，都是你自己的努力啦。」

不，要是沒有中條先生的照顧，我大概就崩潰了。當我被孤獨和無力感痛擊的時候，有個人願意打招呼關心我，對我來說是莫大的喜悅與救贖。我很難用言語表達我的感受，只好誠心低頭致謝。

聽說中條先生再過一陣子，也要離開愛鄰地區了。他只笑著打哈哈，沒有詳談自己下一份工作的地點和內容。

「有什麼事記得聯絡我啊。」

臨別之際，中條先生給我一張便條，上面有他的聯絡方式。

幸好我還沒機會打這通電話。

持續找出有成就感的事……

離開愛鄰地區回到千葉老家後，我利用出國前的準備期間，召開了小型的交流會，傳授我學到的網路商業技巧。

這個小型的交流會，每次大約一到三人參加。我想安排一個環境，讓大家互相分享意見和成果，順便教導其他人提升收益的方法。例如該怎麼尋找關鍵字、怎麼製作網頁、怎麼選擇廣告等等。

我在愛鄰地區奮鬥時，一定也有很多人跟我一樣，在獨自對抗孤獨與苦惱。

聯盟行銷這一門生意有很多麻煩的作業，成果也難有顯著的提升，要學習大量的技巧才有辦法增加收益。所以，如果我比他們先做出成果，我想拉他們一把。

當初在愛鄰地區時，我把自己努力的過程寫在部落格上。我透過部落格認識許多朋友，其中也包括我在聯盟行銷課程上認識的伙伴。

「有個奇妙的傢伙龜在愛鄰地區，整天拚命製作網頁呢。」

無意間，我成了一部份同行注意的焦點。當我宣佈自己要召開交流會時，報名參加的人數多到我難以置信，我才終於發現大家對我的關注。

甚至有人從北海道和國外飛來參加。他們不遠千里而來，就只為了見我一面。

也許我沒有什麼特別的內涵，也沒有比別人優秀的技術，更沒有顯而易見的確切成果，但我還是有一些東西可以分享給其他人。

我要分享在痛苦中掙扎求生的心路歷程，以最真誠的態度談論夢想，告訴大家我是如何堅持下去的。我相信這麼做能帶給別人勇氣，鼓舞他們一起努力。

從五月開辦的交流會一直有人報名參加，短短一個半月就召開了二十多次。我盡自己所能傳授知識，不分平日或例假日，每一次交流會都是免費的。我其實沒想過要收錢，過去我在愛鄰地區吃過苦，所以我想幫助那些跟我一樣拮据的人。

後來報名的人實在太多，我在東京租了一間會議室，召開三次比較大規模的交流會，每次大約有十五人參加。這是我有生以來第一次在人前發表演說，老實說我不太想在大庭廣眾下談話，但只要能解決別人的煩惱，結識一些志同道合的伙伴，這就是我該做的事。

罹患憂鬱症的這兩年，我真正的交談對象只有伊波先生、長谷川、中條先生這三人。長久以來我忍受孤獨，現在難得有人願意來見我一面，對我來說是值得慶幸的事情。

也有地方上的網友傳訊息給我。

像東京或大阪這些人口眾多的大都市，人與人之間有不少交流的機會，好比參加學習會或交流會等等；然而，比較偏僻的地區沒有這類場所，可以解決人們的煩惱。

因此，我打算親自去見那些需要我的人。

我安排了一個企劃，打算從北海道一路南下，幫助全國各地有困難的人。時間從六月下旬到七月中旬，約莫半個月，我跟每個網友募資三千元充當旅費，前往北海道、青森、新潟、靜岡、愛知、富山、大阪、京都、岡山、廣島、愛媛、島根。

每個地方都有人請我吃飯留宿，提供我旅費繼續上路。最終，我在全國各地見了六十多名網友，完成了不花一毛環遊日本的壯舉。在各地等我到來的朋友，每個都溫柔又好客，而且他們都想聽我在愛鄰地區奮鬥的故事。

能夠獨自謀生，才有與人相處的勇氣

我常在想，如果我有獨自謀生的能力。不必依賴企業或組織的薪水，就能過上我理想中的生活。到時候我一定會對自己很有信心，不會再妄自菲薄，也敢再次融入社會。

當初罹患憂鬱症倒臥病榻，我不知道自己該表達什麼，也不曉得該如何與人相處。人在無法自立的情況下，不可能跟其他人建立正常的關係，只能依賴或尋求對方協助。

有了獨自謀生的能力，才有辦法建立對等的關係。

中條先生說，當一個男子漢是成為領袖的條件。

我想，那不只是成為領袖的必要條件，也是跟別人對等交往的必要條件。在愛鄰地區苦了八個多月，我覺得自己似乎成為一個「男子漢」了。

所以，我開始跟很多人接觸。我主動召開交流會，跟前來參加的伙伴交心，分享我個人的經驗。當然，我還是害怕與別人接觸，但現在的我有勇氣克服恐懼，也有跟別人互相交流的內涵。

∴ 出發，往夢想的路上

二〇一二年，七月二十五日。

我在關西國際機場，辦理飛往泰國曼谷的搭機手續。

LCC（廉價航空）的櫃台前面，排了一大堆中國和印度觀光客。登機的時刻將近，我急忙辦完手續跑向登機門。大型行李託運好以後，我身上只背了一個裝筆電的背包。

第一站我選擇泰國。

東南亞的盛夏藍天帶給我重新振作的勇氣，我想再一次仰望那裡的天空。

好不容易找到自己的歸宿，也結交了新的朋友，要離開日本是一個很痛苦的決定。買好出國的機票後，我還是不斷地問自己，我真的有辦法在海外生活嗎？

我想在當地租間房子，到有網路的咖啡廳工作，就讀當地的語言學校學習外文，一邊旅行一邊賺取旅費。這些都是我腦海中的構想，能否在東南亞辦到還是未知數，總之只能去嘗試看看了。

那一年我二十五歲，我打算用五年的時間，到世界各地旅遊討生活。

不曉得我在旅程中，有沒有本事賺到旅行的資金？

不依賴企業和組織的協助，我一個人有能力遨遊世界嗎？

現在這些都只是紙上談兵，我得實際去外國證明自己，才能把夢想化為現實，並且抬頭挺胸告訴大家，自由自在的生活方式是可行的。

一坐上飛機，我想起大學時代自己帶著懊悔歸國的往事。

「下一次出國，不管在世界的任何角落，我要有跟心愛的人一起生活的能力。」

這下我終於達成對自己的承諾了。

飛機開始加速，我感受到內臟承受起飛的壓力。緊接著，身體有一種飄浮感，從狹小的窗外望去，大阪的街道越來越遙遠了。我抬頭看著前方，注視自己即將創造的未來。

後記

遨遊世界自在工作

圖片來源： Geoffrey Whiteway

當初我選擇斷送自己的生命，一眨眼三年半過去了。

如今，我在義大利的佛羅倫斯撰寫這篇文章。

漫步在這個號稱花之都的城市，我有一種穿越到中世紀的感覺。這裡的任何一個巷弄或街區，都漂亮到令人嫉妒。冬季寒風吹過街道，帶來了乾燥的異國氣味，那是我在日本從沒聞過的味道。

我在佛羅倫斯租了一間短期公寓，打算停留兩個禮拜。珠寶店雲集的老橋，還有收藏文藝復興名畫的烏菲茲美術館，離我租的公寓只有五分鐘的腳程，那是一個可以逛遍當地觀光名勝的好地方。我走在石板地的街道上，將我在當地的所見所聞，以及工作的情景分享在網路上。

我追求的理想生活，就是一邊旅行一邊賺錢。我要有遨遊世界的能力，不仰賴任何企業或組織的資助。

這是我罹患憂鬱症後，花了三年半推敲出來的答案。

「**自立旅行者**（Power Traveler）」，我現在以這樣的職業自居。

所謂的自立旅行者，是指有本事在旅途中兼顧生計的人。既不是普通的旅客，也不是享受假期的上班族。

這種人不受企業或組織管束，到任何地方都能靠自己的能力賺錢。在遨遊世界的過程中，將各種靈感轉化成具體的行動，設法開拓出賺錢的商機。

最重要的是，要有能力住在自己喜歡的地方，跟心愛的人一起生活。能夠實現這種自由的工作和生活方式，我稱之為自立旅行者。

二〇一二年七月出國後，有一年半的時間，我都在努力工作追求經濟自由。

我的足跡遍及泰國、越南、寮國、法國、西班牙、葡萄牙、義大利，總共在七個國家和九座城市討生活。我沒有像一般遊客那樣來去匆匆，每座城市我最少會逗留兩個禮拜，算是留滯期間比較長的旅遊方式。我住的地方也不是旅館，而是在當地租下一間公寓，當作我在異國城市的據點。我會在公寓的廚房，調理從當地市場買來的食物；偶爾會到咖啡廳工作，跟當地的大學生交流；閒暇之餘再到語言學校，學習當地的語言，跟朋友一起吃飯喝酒——我一直在過這樣的生活。

走在初次造訪的異國街道上，有時候我會停下腳步，心中泛起一股懷舊之情。

例如在咖啡廳裡，跟當地學生一起用電腦的時候。

在歷史悠久的石板路上，穿皮鞋行走的時候。

還有吹著地中海乾燥海風的時候。

流著汗水漫步在亞洲街道上的時候。

跟漂亮的金髮美女擦身而過，聞到幽微香氣的時候。

這一些都是我在愛鄰地區盯著筆電奮鬥時，一心嚮往的美景。每次想起這件事，我就感動到想哭，因為我現在真的站在這些美景中。

當然，我出國以後也有遇到不少困難。比方說，後來智慧型手機越來越普及，我在愛鄰地區製作的舊式手機網頁統統淘汰了。離開日本才三個月，再次看到酬勞掛蛋的那一刻，那種懷念的感覺令我忍不住笑出來。

現在我已經沒做手機網頁了，各種有收益性的網頁我都有涉獵，例如電腦網頁、智慧型手機網頁、網路雜誌、新聞網頁等等。

以網路雜誌為例，我會請日本的寫手幫忙撰寫文章，寫手在日本完成工作後，再用電子郵件寄給我，我確認完稿件內容直接刊登在網頁上。

一開始我做的都是利潤微薄的聯盟行銷網頁，現在我懂得活用那些學來的技巧和網路行銷手法，製作收益性較高的網頁，同時對這個世界傳遞多元的價值觀。

一個沒有特殊能力或人脈的普通人，在沒有企業或組織贊助的情況下，也能實現遨遊世界的生活方式。

我終於可以抬頭挺胸地說，自己真的辦到了。

沒有特殊的技術或人脈也沒關係，沒有顯赫的經歷也無所謂，平凡無奇也沒差。

只要你有真心想實現的理想生活，以及不願放棄的堅強意志。然後，鼓起勇氣去嘗試可以實現理想的工作——**你就能抓住自由的生活方式**。

除了製作網頁以外，我的另一個志業是「帶給更多人自由」。

我曾經捫心自問，自立旅行者究竟有何社會貢獻可言？這就是我思考出來的答案。「自由」的定義因人而異，對我來說，有能力去喜歡的城市，跟心愛的人一起生活才叫真正的自由。有些人的自由，可能是靠音樂或繪畫謀生，或是跟志同道合的伙伴一同經營有趣的生意。唯一的共通點是，我們都希望靠理想的生活方式謀生，不被企業或組織束縛。

多數人心中都有理想的願景，但現實中的生活和工作與理想的落差太大，他們對那樣的落差感到疑惑不解，偏偏又不曉得實現理想的方法，只好渾渾噩噩地工作下去。

我會當面聆聽他們的煩惱，陪他們一起思考理想的生活方式，教導他們該採取哪些行動來實現理想。

先構思出理想的生活方式，再反過來推算自己適合什麼工作，並且採取實際行動。

以前我是個憂鬱症患者，現在我有本事靠著一台筆電遨遊世界。我會把自己脫胎換骨的方法，套用到對方身上來思考。

有的人需要掌握聯盟行銷的網頁製作方法，也有人需要品牌管理戰略，推廣他們自己目前在從事的活動。還有人需要統合自己的臉書、部落格、官網等媒體。我找到了自立旅行者這樣的頭銜，因此我也會思考當事人需要什麼樣的專屬頭銜。

我就是用這樣的方式，跟對方一起摸索合適的生活，帶給更多的人自由。

其實，我還是很怕跟別人接觸。

每次跟別人碰面我都很緊張，也擔心他們對我的看法。有時候我可以連續幾個禮拜不跟外界接觸，偶爾跟其他人碰面，我得先去卡拉OK做發聲練習才安心。掌握了謀生的能力，不代表性格會跟著改變。

擺脫社會框架，獨自追逐夢想是一件很辛苦的事，這一點我非常清楚。

我也明白，有時候跟別人傾訴自己的情感，是一種莫大的救贖；可能別人的一兩句溫言慰問，可以帶給我們勇氣，澈底改變我們的人生。就好比我認識了伊波先生和中條先生，終於有了自力更生的能力。我也想在自己的能力範圍內，盡量幫助其他人。

當初我罹患憂鬱症一蹶不振，認為自己再也沒辦法融入社會。

我心想，自己肯定會孤獨終老，不僅無力回饋社會，也沒有一絲一毫的價值。

不過事後回想起來，罹患憂鬱症是我改變生活方式的一大契機。我承認自己的軟弱，摸索不用故作堅強也能活下去的方法，如今我終於能在異國的城市中安身立命。

今後，我會繼續遨遊世界，把我的所見所聞告訴更多人。

同時，我也會不斷摸索適合自己的工作方式，以及貢獻社會的方法。

◆

有個專門介紹人生故事的網站 STORYS.JP（https://storys.jp），我曾在該網站刊登〈在貧民區跟金盆洗手的黑道幹部學習人生道理〉一文，本書就是從那篇文章潤飾、拓展而成。

那一則故事才刊登一個禮拜，就有超過六十萬人點閱、一萬多人按讚。多虧大家的熱情支持，我才有勇氣出版這本書。感謝各位鼓勵我這個平凡無奇的小人物，也很感謝 STORYS.JP 帶給我這個機會。真的，謝謝你們！

附錄

附錄 I

自立旅行者的工作方式

什麼是自立旅行者？

假如你有在任何國度謀生的能力，而且可以在海外旅館或街邊的咖啡廳自由工作。請問你會選擇什麼樣的生活方式？

所謂的自立旅行者（Power Traveler），就是一邊旅遊一邊賺取資金的生活方式。例如製作一些替人排憂解難的網頁、開發新奇好玩的手機APP、撰寫網路雜誌傳遞訊息、利用部落格或臉書等個人媒體來圈粉、到海外市場進貨並販賣、思考有趣的企劃並出版電子書等，或是運用連接全球的網際網路，掌握獨自謀生的能力，不被企業或組織豢養。前往世界各地遨遊，增廣見聞，分享獨到的訊息來賺取資金。

擁有旅行的自由，將工作與自由融合，這種工作方式就叫「自立旅行者」。

海外工作前要確定的兩件事……

為了擺脫企業和組織的束縛，前往海外自由工作，你得先弄清楚兩件事。

第一，你要用什麼方法賺取資金？

第二，賺到足夠的資金後，你想實現什麼樣的生活？

■你要用什麼方法賺取資金？

如果你過去在企業上班，已經幹出了一番成績，也有豐富的人脈和技術，那麼你可以當一個自由工作者，獨自前往海外發展。

可是，一般的自由工作者頂多只能享有「在外工作」的自由。在海外旅行太久的話，很有可能會失去客戶。要得到真正的自由，你必須有獨自賺錢的本事，不能依賴企業或組織。

具體來說有以下幾種工作方法：

- 表演
- 賭博
- 股票或外匯
- 群眾外包[8]
- 出版書籍（電子書）
- 個人貿易
- 講師
- 網路生意

過去我以音樂人為目標，嚮往的就是靠表演賺錢，那時候我想到各地巡迴演奏。

如果你真的想靠演藝謀生，測試自己的本領能否行遍天下，那固然是一件好事。然而，走這條路是很難轉行的，沒有高超的表演實力也賺不了錢。

還有一種方法是跑遍海外賭場，靠賭博賺錢。例如玩撲克或二十一點，參加海外的賭博比賽賺取獎金。最近還有所謂的線上賭場和線上麻將，連賭馬都能上網下注了。

至於股票、匯兌、虛擬貨幣交易，同樣可以在世界各地上網操作。我有認識幾個朋友，他們平常在各地觀察經濟趨勢，靠外匯操作賺取旅遊資金。投資的金額夠高的話，報酬自然也非常可觀，但一遇到經濟危機或匯率巨幅變動，很有可能在瞬間身無分文。

再來是群眾外包，最近還盛行仲介服務，幫那些想要上網工作和找人才的客戶牽線，像「Lancers」、「CrowdWorks」、「@SOHO」等網站就屬此類。上面有許多招募寫手或設計人才的需求，而且不拘年資。住在物價便宜的東南亞，上群眾外包網接案賺錢，是有辦法維持生計的。

---

8. Crowdsourcing，指透過網路和線上協作，企業或組織將原本需聘雇員工來做的工作，開放讓全世界的人們都能參與。

出版書籍也是一個選擇，過去出版書籍的門檻不低，最近有不少人透過Kindle（亞馬遜的電子書服務）出版個人電子書。

個人貿易是指到全球各地的市場，大量購入便宜的雜貨和衣物販賣。一般人都以為貿易肯定是規模龐大的事業，其實賣點小東西或時裝用品（如領帶或袋巾），帶個旅行箱去備貨就夠了。像「BASE」等網站有提供免費的網路商店架設服務，甚至還有商品代送服務，開一家網路商店的難度比以前低很多了。

顧問或講師這一類的工作也很適合利用網路，善用Skype或Zoom等網路工具，就可以在線上教學了。在部落格或社群網路上持續發布訊息，也有開拓新客源的效果。

我採用的是最後一項，「靠網路生意賺錢」的方法，這種方法有許多門路，你可以經營有利可圖的網站，靠聯盟行銷的系統賺錢，或是開發手機APP賺取廣告收入。學習相關技能需要花上一點時間，一旦營運上軌道，那些網頁和APP就是你的「資產」，能夠幫你持續獲得收入。

要選擇什麼方法都無所謂，重點是要精通你選擇的門路，然後訂下一個收益基準，看你有沒有辦法每個月賺十萬日元（以現行匯率計算，相當於新台幣兩萬七千元）。每個月賺得到十萬日元，至少你就有基本生活費了，到泰國或越南等東南亞國家生活沒問題。這是實現自由工作的第一步。

■ 賺到足夠的資金後，你想實現什麼樣的生活？

等實際賺到錢以後，你要實現怎樣的生活？這個問題跟選擇賺錢方法一樣重要。為什麼想清楚這一點很重要？**因為你選擇的工作，取決於你想實現的生活。**

以我個人來說，我想在海外租一間房子，去咖啡廳自由工作，閒暇之餘去語言學校學習當地語言，結交朋友或戀人。我在世界各國都要過上這種生活——這也是我一路走來始終如一的目標。

當然，不可能每個地方都有網路，所以我沒選擇股票或外匯，不然到沒有網路的地方碰上金融危機可就麻煩了。再來，我有罹患憂鬱症的經驗，對人際關係缺乏信心。基本上我只想自由旅行，不想費心經營客戶。因此，一開始創業我也沒選擇當講師。

我希望在旅行途中放下工作，利用空閒時間學習語言和當地的人交流，這就是我選擇經營網頁的原因。經營網頁需要花點時間才賺得到錢，但上軌道後可以一直靠網路維持收益。不用跟其他人合作，自己一個人努力做出成果就好，這樣的商業特性也很適合我。

不管你選什麼樣的工作，只要認真做都能幹出一番成果。不過，如果你的成果和你理想中的生活方式不同，你就必須重新修正路線。首先弄清楚哪些工作可以讓你遨遊世界，在選擇的過程中，仔細思考那些方法適不適合你嚮往的生活。

正在推動的兩大事業．．．．

身為一個自立旅行者，我主要從事兩大工作，不做其他的事。

一、製作有收益性的網頁。

二、帶給更多人自由。

■製作有收益性的網頁

我選擇製作有收益性的網頁，來做為賺取資金的方法。

前面有提到，我本來是做手機網頁的，其實不只是販賣特定商品的聯盟行銷網頁，我還有做各式各樣有收益性的網頁，好比網路雜誌或資訊網頁等等。

比方說，我有經營資訊媒體網站，專門介紹全新的手遊。利用遊戲相關的聯盟行銷系統就是我賺取收益的方法，一個網友免費登入A遊戲我就能拿到四百日元，登入B遊戲則能拿到六百日元的佣金。除了網羅既有的遊戲資訊以外，我還會請寫手試玩新推出的遊戲，請他們撰寫評價和感想，我校潤後會刊登在網頁上。成功吸引玩家來看的話，每天只要有十幾二十個人登入，就可以賺到一筆資金了。

另外，我還有經營如何挑選函授高中的資訊網站，幫助那些高中中輟的學生。仲介公司會幫忙蒐集函授高中的資料，我就用仲介公司的聯盟行銷系統來賺收益。有的學生輟學是因為不擅長念書，也有人是繭居在家不敢上學，還有人是為了追求自己的夢想，想加入動漫或聲優業界。我會整理不同的選擇重點，來解決不同學生的煩惱。

只要學生透過網頁索取函授高中的資料，我就能得到收入。

我大概每年會做兩、三個這樣的網頁。

現在主要有十個網頁在運作，每個月差不多刊登一到四篇文章，進行一下網頁維修，就可以持續賺取收益了。

這比較像是在網路上製造資產，而不只是製作網頁。賺到的錢我用來當作生活費和旅遊的資金，我憑著自己的本事實現遨遊世界的理想。

■ 帶給更多人自由

我希望更多人跟我一樣，可以無拘無束遨遊世界，實現自己理想的生活方式。這就是帶給更多人自由的事業。

具體方法如下：

- 用臉書或部落格發布相關資訊。
- 召開交流會提供知識。

• 提供個別諮詢或顧問服務。

二〇一二年出國以後，我一直在東南亞各國遊歷，沿途都在旅館或咖啡廳工作，賺取旅行所需的資金。

一開始我是獨自實踐這樣的生活方式，但後來我覺得一個人遨遊世界太寂寞，應該找幾個伙伴一起去異國的咖啡廳，共同商量網頁製作或商機的話題。因此，我在臉書和部落格上推廣自己的生活方式。

我提起自己罹患憂鬱症，之後決定創業的心路歷程，還有我在愛鄰地區拚命製作網頁的生活。另外，我也介紹自己出國以後，在曼谷和河內租公寓生活的景況……。我想要告訴大家，自己一個人也能經營生意，實現自由旅行的生活。我一直在吸引志同道合的伙伴。

我也有召開座談會，教大家如何製作能賺錢的網頁。

例如，怎麼選擇比較有買氣的廣告、寫文章要搭配哪些關鍵字、要做哪一類型的網頁、搜尋引擎最佳化的方法等等。參加的多半是普通上班族，還有在家帶小孩的家庭主婦，只要認真做個一兩年，就能靠網路賺到一份上班族的薪水。

另外，我也會教他們去做自己想做的事情，實現自己理想中的生活方式。好比有些人想要上網販賣自己的畫作，也有人想到世界各地旅遊，出國玩COSPLAY，還有人想進口雜貨上網販售。我就聆聽他們的需求，陪他們思考怎麼用網路達成夢想。

總而言之，我會教對方如何活用網路，把自己想做的事情大力推廣出去。例如增加官網（或販賣網站）登入數量的方法，以及在網上圈粉的戰略等等。大概花個一年左右，就可以建構出一整套流程，靠自己想做的事情賺到足夠的收益了。

自立旅行者很適合「聯盟行銷」

為了達成一邊旅遊一邊工作的理想，我選擇了「聯盟行銷」這份工作。

這種商業模式很適合自立旅行者的工作風格。接下來，我會深入探討一些前面沒提到的相關內容。

■什麼是聯盟行銷？

聯盟行銷簡單說就是「網路上的代理商」。

我在前面有提到，這是一種論功行賞的工作方式，跟績效制的兼差類似。這就好像你代替企業去跑業務，簽下客戶就能抽成一樣。聯盟行銷就相當於「網路版」的代理商。

假設有一家A公司要販賣商品，我們就替那一家公司製作商品介紹頁面，提供一些內容解決消費者的問題（有點類似跑業務拉客戶）。

如果消費者透過網頁購買商品，我們就能獲得酬勞。也就是把現實中的代理業務，搬到網路上做，這就是所謂的「聯盟行銷」。

跟實際代理商不同的地方在於，我們不需要跟販賣商品的A公司直接簽約。不然直接跑去跟那些公司交涉簽約，未免太浪費時間了。

聯盟行銷有一種類似商城的類別，會直接歸納出一般人可以自由販賣的商品。這又稱為「ＡＳＰ（應用服務提供商）」。

ＡＳＰ會替我們跟各家企業訂立契約和酬勞規範，我們只要登錄ＡＳＰ，就能把合作廠商的產品自由刊登在網頁上，介紹給消費者。

知名的ＡＳＰ有以下幾家：

- A8.net（www.a8.net）
- Accesstrade（www.accesstrade.global）
- ValueCommerce（www.valuecommerce.ne.jp）
- Infotop（www.infotop.jp）
- Affiliate-B（www.afi-b.com）

不同ＡＳＰ的特色和刊登廣告都不一樣，通常從事聯盟行銷的人，會登錄複數的ＡＳＰ。一開始我建議各位登錄國內最大的「A8.net」，那一家刊登的廣告數量也最多。

這些ＡＳＰ有成千上萬的商品供我們自由販賣。

■聯盟行銷的三大好處

第一項好處，就是不必自己吸收庫存。

實際經商必須先進貨和管理庫存，但聯盟行銷是在網上販賣商品，賣出商品的訊息會回傳到供貨企業，商品寄送和客服這一類的麻煩手續，都有人會替我們處理好。

換句話說，我們不用承擔進貨和管理庫存的風險。滿足這個條件，才有辦法無拘無束地遨遊世界。

第二項好處是，創業不需龐大的資金，而且又能創造極大的收益。

開店做生意少說要花上幾百萬，用網頁就便宜多了。

・網域費用：一年一千日元
・伺服器費用：一年三千日元

換算起來，每年大約花四千日元，就可以創造自己的網頁了。租一個伺服器能設置好幾個網域，經營十個網頁大概只要一萬三千日元。營業又不需要成本，賣出商品就直接獲利。

從事聯盟行銷的人，同時經營好幾個網頁算是常態。當我們發現製作的網頁賺不了錢，就會馬上轉往其他市場。跟實際經商比起來，也有更多的可能性。

從市場規模的層面來看，實體店鋪的商機受到區域限制，網頁則可透過搜尋引擎，對全日本的消費者推薦自己的產品。所以，只要你的網頁點擊率夠高，光靠一台電腦就能賺到足夠的旅費了。

第三項好處是不必抛頭露面。

經營網頁不必用本名。網頁經營者以「管理員」的身分自居也沒問題，哪怕你用的是綽號，只要網頁的內容豐富有趣，就會得到網友的信賴。

從事聯盟行銷，你可以憑「個人」的能力完成行銷到網頁製作的所有流程。例如，你有權利挑選自己要賣的商品，決定好主要的客群，然後自行調查比較容易賣出的價位，再設計一個好的網頁企劃，寫出相關的商品介紹，製作出完整的網頁內容。

想要擴大收益或減少工作時間，採用外包或組織化經營是免不了的，但基本上還是一個人默默地做網頁就好，你不必勉強自己跟其他人碰面交談。我以前罹患憂鬱症的時候，不想跟任何人碰面交談，我很慶幸有這種不必在現實和網路中露面的工作。

我想賺取足夠的資金遨遊世界，實現自己理想的生活方式。我認為聯盟行銷能滿足這兩大條件，是一種很棒的商業手段。

自立旅行者的目標：

最後來歸納一下，我作為自立旅行者的工作內容。

首先，我利用網路廣告製作有收益性的網頁，創造出可以在世界各地工作的系統。

接下來，我就把自己一邊旅遊一邊工作的情景，刊登在臉書或部落格上，推廣自立旅行者這種全新的工作方式。然後，召開交流會或網路學院，教大家自由工作的具體方法，帶給更多人自由。

旅遊等於是我工作的一部分，我旅遊的經歷越豐富，工作就成長得越迅速，我追求的就是這樣的良性循環。

至於那些獲得自由的朋友，或許會跟我一樣以自立旅行者自居，或是用他們自創的頭銜嶄露頭角，我也不知道他們會如何開拓自己的事業。

目前為止，「自立旅行者」還只是我剛開創的生活方式，但我會持續推廣這份志業，希望十年或二十年過後，有更多跟我一樣自由的人。

附錄II

文庫版感言

遨遊世界自由工作的生活，也過去六年了。

我在寫這段文章的時候，回到了久違的大阪愛鄰地區。

離開新今宮車站，我走過旅館街前往通天閣所在的新世界街區。最近的愛鄰地區，由於住宿費用便宜的關係，已經成為外國觀光客來大阪玩樂的據點，當地的氣氛也跟我當初來的時候不一樣了。

中條先生曾經告誡我，「千萬不要做沒成就感的工作」。我出國以後，前往東南亞和歐洲各國的都市生活，繼續追求自己的事業。每當我面對新的挑戰，對未來的方向猶豫不決時，就會想起中條先生的這句話。

出國六年，心態也有了改變：

我在二〇一二年七月前往泰國曼谷，如今六年過去了，我的生活方式也有了轉變，因此我想跟大家聊一下這方面的事情，順便報告我的近況。

其實最大的改變是，我成家立業了。

我跟妻子是透過臉書認識的，我們也結婚五年了，現在我依然認為，沒有比那樣更好的邂逅方式了。她是在網路上經營商城的創業家，偶爾也會利用閒暇到國內外旅行，很接近自立旅行者的工作方式。我們在臉書上聊得挺愉快，我邀請她出來約會，實際見面後我發現她是最理想的對象，就直接跟她求婚了，連一天都沒交往過。

辦好結婚典禮後，我和妻子沒有置產安家，而是花兩年的時間環遊世界度蜜月。我們前往巴黎、佛羅倫斯、巴塞隆納等歐洲地區租房逗留，搭乘郵輪橫越地中海和大西洋，一同享受環遊世界的美好生活。

我一直以為結婚會扼殺自由，並不適合自立旅行者的生活。

不過，實際結婚我才發現，結婚帶給了我更多的自由。過去我到美麗的異國街道旅遊，也不敢自己一個人去比較正式的餐廳，現在我可以走進去了。

我對妻子的愛意，讓我願意鼓起勇氣一試，我想在美麗的異國街道，跟妻子在餐廳裡共享美味佳餚。現在我會住高級旅館、到餐廳消費、欣賞音樂劇等等，以前我自己一個人根本不會涉足這麼多彩多姿的世界，妻子拓展了我生活的眼界。

我們小倆口一直在旅行，但自從妻子懷孕以後，我們就把據點設在國內了。自立旅行者有能力外出工作，當然也可以在家工作。小孩出生以後，我們的生活重心都放在小孩身上，旅行也盡量安排在國內。小倆口變成了小家庭，我也從丈夫變成了父親，過上了成家立業的生活後，就連稍微出個門，都比前往海外旅遊還要刺激。

大家都以為所謂的旅行，就是實際走訪世界各地；可是婚姻和養兒育女的生活，讓我明白了一個道理：接觸自己從未體驗過的事物，這本身也是一種「旅行」。

女兒長到一歲以後，我又慢慢恢復那種海外跑透透的生活。這一年來，我的足跡遍布法國、摩納哥、義大利、澳洲、美國、牙買加、古巴等國。

跟過去不同的是，我不再安排長期旅行了。現在我頂多在日常生活中，安排為期一週的海外旅行。

自己一個人遨遊世界、帶著妻子遨遊世界，和攜家帶眷遨遊世界，是完全不一樣的感覺。就算走在同樣的異國街道上，身旁有心愛的家人相伴，感受和所見所聞也會不一樣。我很期待未來跟家人享受不一樣的旅遊體驗。

自立旅行者的事業：

做為一個自立旅行者，我的事業主要還是分兩部分進行，一是製作有收益性的網頁，二是帶給更多人自由，後者算是我的終生職志。

首先來談談製作網頁這回事，我現在每年會增加兩、三個新網頁，收益的基礎也算相當扎實了。至於帶給更多人自由，我會寫一些專欄、參加談話性節目、到大學去傳道授業。另外我也有開設網路學院，教導有心想成為自立旅行者的人，如何製作賺錢的網頁。

我的網路學院大概有三百人參加，他們都在努力學習如何用一台電腦賺錢。每個人加入的動機都不一樣，有人想到海外旅行，也有人想自立門戶，還有人生病無法離開家門，但他們都想賺錢實現夢想，多一點時間陪伴自己的家人。

這本書剛出版的時候，只有我一個人實踐這種自由的生活方式，現在有很多伙伴跟我一起同行。

有的伙伴一邊旅遊一邊工作，也有人在海外設立據點，直接在當地創業，還有人跟著心上人一起到倫敦，未來打算共結連理。過去我一直希望世界各地有志同道合的伙伴，這個目標似乎也快要實現了。

再怎麼弱小的人，也有自由選擇工作的權利，這是我近幾年特別深刻的感觸。

也許你跟我一樣罹患過憂鬱症，在一般企業工作不順遂；或者你有小孩要養，卻沒辦法出門工作，甚至身無一技之長。總之，凡是覺得自己「弱小」的人，都可以學習自立旅行者的方式，不用故作堅強也能自由自在的生活。

我是一個弱小的人，一直以來都在摸索自由生活的辦法。我想要告訴各位，其實我們都能實現不受拘束的工作方式。

自立旅行者　阪口裕樹

HEART
心|視野　心視野系列 074

憂鬱擱淺的我，也想好好工作

一個憂鬱症患者從繭居在家到走向世界的重生之旅

どんなに弱くても人は自由に働ける

作　　者　阪口裕樹
譯　　者　葉廷昭
總 編 輯　何玉美
責任編輯　洪尚鈴
封面設計　盧卡斯工作室
內頁排版　JGD

出版發行　采實文化事業股份有限公司
行銷企劃　陳佩宜・黃于庭・馮羿勳・蔡雨庭
業務發行　張世明・林踏欣・林坤蓉・王貞玉・張惠屏
國際版權　王俐雯・林冠妤
印務採購　曾玉霞
會計行政　王雅蕙・李韶婉・簡佩鈺
法律顧問　第一國際法律事務所　余淑杏律師
電子信箱　acme@acmebook.com.tw
采實官網　www.acmebook.com.tw
采實臉書　www.facebook.com/acmebook01

I S B N　978-986-507-223-0
定　　價　320 元
初版一刷　2020 年 12 月
劃撥帳號　50148859
劃撥戶名　采實文化事業股份有限公司
104 台北市中山區南京東路二段 95 號 9 樓
電話：(02)2511-9798　傳真：(02)2571-3298

國家圖書館出版品預行編目資料

憂鬱擱淺的我，也想好好工作：一個憂鬱症患者從繭居在家到走向世界的重生之旅 / 阪口裕樹著；葉廷昭譯 . -- 初版 . -- 台北市：采實文化，2020.12
256 面；14.8x21 公分 . --（心視野系列；74）
譯自：どんなに弱くても人は自由に働ける

ISBN 978-986-507-223-0(平裝)

1. 阪口裕樹 2. 自傳 3. 日本

783.18　　109016391

HEART
心|視野

HEART
心|視野

HEART

心｜視野

HEART
心|視野